O
8
DE
JANEIRO
QUE
O
BRASIL
NÃO
VIU

O 8 DE JANEIRO QUE O BRASIL NÃO VIU

Ricardo Cappelli

R
HISTÓRIA REAL

© 2025 Ricardo Cappelli

A imagem que abre a Parte I (pp. 14 e 15) é de Sergio Lima/Getty Images. As imagens que abrem as Partes II e III, (pp. 70, 71, 132 e 133) são de Gabriela Biló/Folhapress.

PREPARAÇÃO
Kathia Ferreira

REVISÃO
Eduardo Carneiro

MAPA
Kamilla Pavão

DESIGN DE CAPA
Angelo Bottino

IMAGEM DE CAPA
Joédson Alves/Agencia Brasil

DESIGN DE MIOLO E DIAGRAMAÇÃO
Equatorium Design

CIP-BRASIL. CATALOGAÇÃO NA PUBLICAÇÃO
SINDICATO NACIONAL DOS EDITORES DE LIVROS, RJ

C247o
    Cappelli, Ricardo, 1972-
      O 8 de janeiro que o Brasil não viu / Ricardo Cappelli.
- 1. ed. - Rio de Janeiro : Histórial Real, 2025.

    224 p. ; 21 cm.
    ISBN 978-65-87518-42-8

    1. Brasil - Política e governo - Séc. XXI. 2. Extremismo político - Brasil. 3. Segurança pública - Brasil. 4. Vandalismo - Monumentos - Brasília (DF). I. Título

25-97605.0   CDD: 981.068
                      CDU: 94(81)"20"

Gabriela Faray Ferreira Lopes - Bibliotecária - CRB-7/6643
16/04/2025   25/04/2025

[2025]
Todos os direitos desta edição reservados a
História Real, um selo da Editora Intrínseca Ltda.
Av. das Américas, 500, bloco 12, sala 303
22640-904 – Barra da Tijuca
Rio de Janeiro – RJ
Tel./Fax: (21) 3206-7400
www.historiareal.intrinseca.com.br

SUMÁRIO

NOTA DO EDITOR, 7

PRÓLOGO, 9

PARTE 1: CONSPIRAÇÃO NÃO PASSA RECIBO, MAS DEIXA SINAIS, 15

CAPÍTULO I: Prenúncios do 8 de janeiro, 17
CAPÍTULO II: Um silêncio de mil palavras, 23
CAPÍTULO III: Acampamento em Brasília: dormindo com o inimigo, 29
CAPÍTULO IV: A "tranquila" falta de um plano operacional, 39
CAPÍTULO V: Conspiração não passa recibo, 49
CAPÍTULO VI: A sanha dos "pacíficos" contra uma jovem democracia, 61

PARTE 2: UM DIA NA VIDA DE UM INTERVENTOR FEDERAL, 71

CAPÍTULO VII: A difícil missão de ordenar o caos, 73
CAPÍTULO VIII: Da Esplanada ao SMU: sob intempéries e confrontos velados, 85
CAPÍTULO IX: As ameaças que o Brasil não viu, 99
CAPÍTULO X: Entre o QG e a sede da PF, o estranho sumiço dos ônibus, 109
CAPÍTULO XI: A guerra das quentinhas, 121

PARTE 3: GESTÃO DE CRISE E BATALHA DE NARRATIVAS, 133

    CAPÍTULO XII: Quando a comunicação é a arma, 135
    CAPÍTULO XIII: O jogo sórdido das *fake news*, 147
    CAPÍTULO XIV: Firmeza e equilíbrio, 159
    CAPÍTULO XV: Sequelas emocionais de um dia sem fim, 171
    CAPÍTULO XVI: Isenção, o tênue fio que separa o justo do injusto, 183
    CAPÍTULO XVII: A marca de um dia na História, 193

EPÍLOGO, 203

NOTA DO EDITOR, 205

AGRADECIMENTOS, 207

NOTAS, 209

NOTA DO EDITOR

No dia 8 de janeiro de 2023, sete dias após a posse de Luiz Inácio Lula da Silva para o seu terceiro mandato na Presidência da República, o coração da Capital Federal foi tomado por apoiadores do ex-presidente Jair Bolsonaro, candidato derrotado nas eleições de outubro de 2022. A multidão extremista, que não reconhecia o resultado das eleições, pretendia restabelecer Bolsonaro na Presidência.

O ataque começou por volta da uma da tarde daquele domingo. Entre 4 e 5 mil pessoas que estavam acampadas em frente ao Quartel-General (QG) do Exército marcharam em direção à Praça dos Três Poderes. Lá, encontraram um número limitado de policiais militares. Pouco antes das três horas, algumas centenas de manifestantes romperam as barreiras de segurança e, na ausência de uma resistência coordenada, ocuparam a rampa e a laje do Congresso Nacional. Outros invadiram e depredaram as instalações do Congresso, do Palácio do Planalto e do Supremo Tribunal Federal.

Diante do caos instalado, no final da tarde o presidente eleito decretou a intervenção no Distrito Federal e nomeou Ricardo Cappelli, secretário-executivo do Ministério da Justiça, para liderar as forças policiais e a retomada das instalações do Estado. Ao longo daquele dia, cerca de 400 pessoas foram presas em flagrante. No dia seguinte, outras 1.200 foram detidas no acampamento em frente ao QG do Exército. Até março de 2023, 2.182 pessoas foram presas por participar dos ataques.

Este livro é o relato inédito, detalhado e candente, dos 23 dias de Cappelli à frente da Secretaria de Segurança Pública do Distrito Federal. Três semanas e dois dias nos quais a democracia brasileira correu grave risco.

PRÓLOGO

É noite de 8 de janeiro de 2023 e estamos em frente à entrada do Setor Militar Urbano (SMU), em Brasília. Poucas horas antes, eu havia sido nomeado interventor na Segurança Pública do Distrito Federal. A primeira instrução que recebi do ministro da Justiça foi restabelecer a ordem na Praça dos Três Poderes, desmontar o acampamento montado em frente ao QG do Exército, de onde partira a multidão que invadiu e vandalizou as sedes dos Poderes da República, e prender todos os invasores. Uma linha formada pela Polícia do Exército protege a área, onde ainda estão abrigadas cerca de 1.200 pessoas contrárias à eleição do presidente Luiz Inácio Lula da Silva. Nenhum carro entra no SMU. Mas vários manifestantes que retornam da Esplanada dos Ministérios a pé têm acesso livre ao local.

Quando vejo essa cena, chamo o comandante-geral da Polícia Militar do Distrito Federal, o coronel Fábio Augusto Vieira, e lhe peço que prepare a tropa, porque vamos entrar e prender todo mundo no acampamento. O coronel fica apreensivo e se afasta de mim. Percebo que ele faz uma ligação no celular. Depois do diálogo *ao telefone, ele volta e me avisa que o general Gustavo Henrique Dutra, chefe do Comando Militar do Planalto, quer conversar comigo e pede que eu vá até a Torre de TV.*

Recuso o "convite" e envio um aviso ao general Dutra:

— Claro que falo com ele, mas que ele venha até onde estou.

E reforço:

— Tenho orientação para entrar e prender todo mundo e não vou sair daqui.

Três a quatro minutos depois, chega o general Dutra. A tropa da Polícia Militar sob o meu comando está pronta para entrar e desativar o acampamento. Estamos a céu aberto, na calçada, e o clima é tenso. Reitero ao general que estou ali para cumprir a missão que me foi dada:

— Vou entrar e prender todo mundo.

A Polícia do Exército está de frente para nós. É uma tropa de frente para a outra. E, além de ter sua tropa, o Exército começa a mobilizar blindados.

Nesse tenso cenário, o general Dutra e eu temos uma discussão muito dura, apesar de formalmente respeitosa. Falo sobre a gravidade dos acontecimentos daquele dia e dos riscos resultantes da continuidade do acampamento ilegal. Dutra tenta contemporizar, relativizar o quadro diante de nós. No intuito de impedir que eu cumpra a minha obrigação, ele afirma que, se eu entrar, teremos um banho de sangue.

— Banho de sangue por quê, general? O senhor está me dizendo que tem manifestantes armados dentro do acampamento e que eles estão sendo protegidos pelo Exército brasileiro?

O general, mais uma vez, tergiversa, busca amenizar. Insis-

te que, considerando os ânimos exaltados, o adiantado da hora e a possibilidade de haver correria e enfrentamento, podemos ter pessoas feridas. Em seguida, ele se afasta e começa a falar ao telefone. A conversa, ele me informa, é com o general Gonçalves Dias, o G. Dias, ministro do Gabinete de Segurança Institucional da Presidência da República. Dutra faz um relato da situação e pede que o ministro informe ao presidente o que está ocorrendo. Segundo Dutra, G. Dias responde que Lula está na sua frente e a par da situação. Dutra continua ao celular, dando a entender, dessa vez, que está falando com o próprio presidente. Ao final da ligação, ele me informa que foi decidido aguardar a chegada dos ministros José Múcio Monteiro, da Defesa, Flávio Dino, da Justiça, e Rui Costa, da Casa Civil, mas não tenho como saber quem realmente estava do outro lado da linha.

Em seguida, o general Dutra me diz que o general Júlio César de Arruda, comandante do Exército, está no Quartel-General do Exército, dentro do SMU, e gostaria de falar comigo. Concordo em conversar com ele e cada um segue em seu carro em direção ao QG. Eu vou acompanhado do coronel Fábio Augusto Vieira, da PM do DF, e de Diego Galdino, secretário-executivo adjunto no Ministério da Justiça. Chegando à porta do QG, vejo o general Arruda e um grupo de generais que não conheço. Todos usam roupas camufladas e, ao que parece, são do Alto-Comando do Exército.

O general Arruda me cumprimenta e me convida a subir. Na sala do Alto-Comando, nos sentamos ao redor de uma mesa, com Arruda ao meu lado e o coronel Fábio Augusto à nossa frente. Assim que me sento, o general se volta para mim e pergunta:

— O senhor ia entrar aqui com tropas sem a minha autorização?

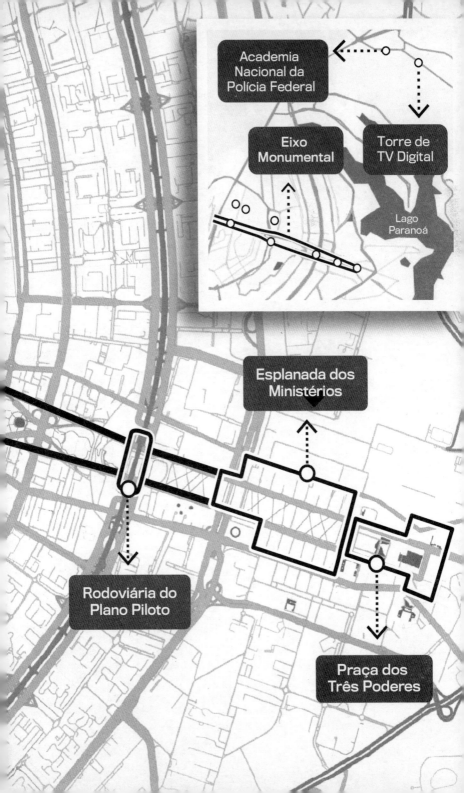

PARTE 1

Conspiração não passa recibo, mas deixa sinais

CAPÍTULO I

Prenúncios do 8 de janeiro

*Como na seca do Brasil em 2024,
era possível mapear os indícios do que estaria por vir.
Foram muitos os "focos de incêndio" registrados
durante o governo de Jair Bolsonaro.*

Caminho por uma cidade desértica, jardins e canteiros marrons, o asfalto distorcido pelo sol do meio-dia. Incêndios consomem a Floresta Nacional de Brasília e o Parque Nacional. Por onde se olha, onde antes havia verde, há fogo, cinza ou brasa. Não se vê o horizonte, muito menos o azul do céu. Depois de 150 dias sem uma gota de chuva, nos aproximamos da marca histórica de 1963 e seus 163 dias sem precipitação.[1] É setembro de um 2024 seco em quase todo o Brasil e as pessoas começam a buscar sinais, vislumbres de chuva. Assim como o clima emite sinais do que está por vir, os seres humanos também disseminam indícios de suas ações futuras. A analogia me conduz ao 8 de janeiro de 2023, que não nasceu no dia anterior, muito menos na semana ou no mês que o antecedeu. Foram muitos os "focos de incêndio" registrados durante o governo de Jair Bolsonaro. Diversas vezes o então presidente da República riscou o fósforo contra as urnas eletrônicas, o Tribunal Superior Eleitoral (TSE) e o Supremo Tribunal Federal (STF).

"Entre os eventos preparatórios para o Oito de Janeiro devem ser citados, com proeminência, os ataques coordenados ao sistema eleitoral e à Justiça Eleitoral", concluiu o *Relatório Final da Comissão Parlamentar Mista de Inquérito (CPMI) dos Atos de 8 de Janeiro de 2023*. Reunindo 32 parlamentares, entre deputados federais e senadores, a CPMI foi criada em 26 de abril para investigar os atos que levaram à depredação nas sedes dos Três Poderes. Segundo o documento, "por meio de uma campanha deliberada de desinformação baseada em mentiras, Jair Bolsonaro e seus cúmplices prepararam o terreno para a contestação de eventual derrota nas eleições e insuflaram a militância contra a democracia e as instituições brasileiras".[2]

A CPMI se encerraria quase seis meses depois, em 18 de outubro, indiciando 61 pessoas, entre elas o ex-presidente Bolsonaro. Até lá, foram muitos os ataques às urnas eletrônicas e ao sistema eleitoral brasileiro. Um dos primeiros foi no dia 9 de julho de 2021, quando ele ameaçou impedir a realização das eleições e convocou a militância. "Dessa forma, corremos o risco de não ter eleições no ano que vem, porque o futuro de vocês que está em jogo [...]. Nós não podemos esperar acontecer as coisas para depois querer tomar as providências."[3]

Dias depois, em 22 de julho, o então ministro da Defesa, general Walter Braga Netto, condicionaria o pleito de 2022 à aprovação do voto impresso: "Sem voto auditável, a disposição das Forças Armadas Brasileiras é que não haja eleições."[4] Em seguida, em 1º de agosto, seriam registradas manifestações a favor do "voto impresso auditável" em várias cidades do Brasil. Ainda conforme o relatório da CPMI, em 14 de agosto Bolsonaro enviou uma mensagem no WhatsApp em que discorria sobre a necessidade de um "contragolpe". Assim, convocava seus apoiadores a se manifestarem no dia 7 de setembro com o objetivo de mostrar que ele e as Forças Armadas teriam apoio para uma ruptura institucional.

Naquele dia, o presidente da República estimulou a descrença no sistema eleitoral em discursos na Esplanada dos Ministérios, em Brasília, e na Avenida Paulista, em São Paulo. Ele não apenas atacou o sistema eleitoral, dizendo que "não oferece qualquer segurança por ocasião das eleições", como investiu contra o Tribunal Superior Eleitoral. "Não é uma pessoa do Tribunal Superior Eleitoral que vai nos dizer que esse processo é seguro e confiável, porque não é."[5] O presidente também incitou a desobediência à Justiça e fez ameaças ao Supremo Tribunal Federal: "Quero dizer aos canalhas que eu nunca serei preso." E ainda: "Quero dizer àqueles que querem me tornar inelegível em Brasília: só Deus me tira de lá."[6]

As declarações agressivas eram intercaladas por outras, mais contidas. O jogo de "morde e assopra" ficaria caracterizado no dia 8 de setembro, quando o TSE, pressionado pelas acusações do presidente, criou a Comissão de Transparência das Eleições com o objetivo de fiscalizar as urnas eletrônicas. Entre os 12 integrantes da comissão estava o general Heber Garcia Portella, comandante de

Defesa Cibernética das Forças Armadas. No dia 22 de novembro, mais ameno, Bolsonaro afirmou que, "com a participação dos militares, seria impossível haver fraude na urna eletrônica".[7] A trégua duraria pouco.

Os ataques de Bolsonaro foram retomados em fevereiro de 2022, mudança de tom atribuída, segundo a relatoria da CPMI, "à tentativa de reconquistar o eleitorado, dada a persistente avaliação negativa de sua gestão: 54%, ruim ou péssimo; 19%, regular; e 26%, bom ou ótimo".[8] Depois de tantas acusações e ameaças, era inevitável o ambiente de tensão quando o resultado da eleição presidencial foi proclamado, em 30 de outubro de 2022.

CAPÍTULO II

Um silêncio de mil palavras

Por trás de toda essa movimentação, estavam as fake news. A principal, semeada desde as eleições de 2018: a suposta ineficácia do sistema eleitoral. Para alguns apoiadores de Bolsonaro, o risco de o presidente perder as eleições em 2022 era nulo. Portanto, se perdesse, seria porque houvera fraude.

Angustiados, preparados para sair a campo e "atear fogo" assim que o comandante desse a ordem, os segmentos mais radicais entre os seguidores de Jair Bolsonaro se defrontaram com um retumbante silêncio por parte do candidato derrotado após a apuração dos votos. Mas, para quem estava a par dos desdobramentos nos bastidores, era um silêncio eloquente que sugeria mil palavras. Enquanto Bolsonaro se mantinha mudo, grupos contrários ao presidente da República eleito realizavam manifestações em diversos pontos do Brasil.

De acordo com o relatório da CPMI, "a partir do dia 30 de outubro, quando começaram as mobilizações, o número de bloqueios aumentou, atingindo o ápice entre os dias 1º e 2 de novembro, quando foram registrados cerca de 450 pontos de interrupção".[1] Além dos bloqueios, acampamentos foram instalados em frente às unidades militares de algumas cidades. Ainda segundo o relatório, entre 30 de outubro e 9 de novembro de 2022, foram registradas 804 ocorrências de bloqueio parcial ou total, sendo as cinco maiores em São Paulo (111), Minas Gerais (98), Paraná (96), Santa Catarina (88) e Rio Grande do Sul (77). O Aeroporto de Guarulhos (SP), chegou a cancelar voos em decorrência das manifestações.

A tentativa de desobstrução das vias estaduais começou no dia 1º de novembro, com redução dos bloqueios ao longo da semana. "Na noite do dia 3 de novembro, a PRF [Polícia Rodoviária Federal] informou, em nota, que não havia mais nenhum bloqueio em rodovia federal, embora restassem 24 interdições parciais. A nota informava também que, desde o domingo da eleição, haviam sido desfeitas 936 barricadas."[2] Além dos bloqueios e dos acampamentos, o relatório da CPMI cita a sabotagem de pontes país afora, o ataque contra a base de apoio de uma empresa concessionária de rodovia e a derrubada intencional de torres de transmissão de energia elétrica.

As ações contra a continuidade do processo de sucessão constitucional não eram propriamente uma surpresa. Conforme o documento final da CPMI, dados revelados pela Operação Constituição Cidadã – deflagrada pela Polícia Federal em 9 de agosto de 2023 para apurar possíveis interferências nas eleições do ano anterior – informam que um relatório da Inteligência da PRF, de 17 de outubro de 2022, "já indicava a possibilidade de manifestações com bloqueios em rodovias, caso Bolsonaro não se reelegesse". Mas a existência desse relatório seria omitida pelo então diretor-geral da corporação, Silvinei Vasques, em seu depoimento diante dos deputados e senadores da comissão.[3]

Relatório da Agência Brasileira de Inteligência (Abin) de 27 de outubro de 2022 encaminhado à PRF também alertava sobre os riscos de os caminhoneiros fecharem estradas após o segundo turno: "[existem] chamamentos para que os caminhoneiros parem à beira de rodovias, visando a uma eventual paralisação, em caso de derrota do atual presidente da República [Jair Bolsonaro]."[4] Essa movimentação se intensificou a partir de 17 de novembro, porém, ainda citando o relatório final da CPMI, "de forma mais violenta, em uma antecipação da virulência do Oito de Janeiro".[5]

Em nota, a PRF diria à imprensa que, "em quase todos os pontos, os métodos utilizados lembraram os de terroristas ou de *black blocs*: bombas caseiras feitas de garrafas com gasolina, rojões, óleo derramado intencionalmente na pista, 'miguelitos' (pregos usados para furar pneus), pedras, além de barricadas com pneus queimados, latões de lixo e troncos de árvores cortados e jogados deliberadamente na pista".[6] Em meados de dezembro daquele ano, restavam 32 pontos de concentração de manifestantes à beira das rodovias. Os estados com maior concentração eram Mato Grosso (10), Santa Catarina (6) e Bahia (6). "Durante todo o período, foram registrados inúmeros episódios de omissão e leniência de policiais com os manifestantes."[7]

Por trás de toda essa movimentação, estavam as *fake news*. A principal, semeada desde as eleições de 2018: a suposta ineficácia do sistema eleitoral. Para alguns apoiadores de Bolsonaro, o risco de o presidente perder as eleições em 2022 era nulo. Portanto, se perdesse, seria porque houvera fraude. Alimentados pela fraude inventada, pequenos grupos começaram a montar um acampamento na área do Quartel-General do Exército (QGEx), em Brasília, no dia 1º de novembro de 2022. Em poucos dias, havia uma estrutura organizada. Os acampados se manifestavam a favor de uma intervenção militar, supostamente respaldada pelo artigo 142 da Constituição Federal.

A argumentação era mero pretexto para um golpe, pois em momento algum a Constituição autoriza uma intervenção militar. Jair Bolsonaro já havia tentado deturpar o significado do artigo 142 em uma declaração dada em 2020.[8] Para evitar a disseminação de argumentos ilegais e oportunistas sobre a questão, em 8 de abril de 2024 o plenário do STF, ao julgar a Ação Direta de Inconstitucionalidade nº 6.457, ajuizada pelo Partido Democrático Trabalhista, afastaria, por unanimidade, qualquer interpretação de que as Forças Armadas possam exercer Poder Moderador entre os poderes Executivo, Legislativo e Judiciário. No entanto, naquele novembro de 2022, movidos por boatos e crenças que atendiam às suas preferências políticas, independentemente do resultado das eleições, caravanas partiram de vários pontos do Brasil rumo a Brasília.

CAPÍTULO III

Acampamento em Brasília: dormindo com o inimigo

*Havia dispositivos policiais suficientes para que
os depredadores fossem presos, mas isso não aconteceu.
O motivo, acredito, foi a simples falta de disposição.
A mesma situação que eu presenciaria depois, no 8 de janeiro.*

CAPÍTULO III

ACAMPAMENTO EM
BRASÍLIA, DORMINDO
COM O INIMIGO

Não há precedentes na História do Brasil de acampamentos instalados em frente a quartéis-generais do Exército como os que antecederam o de 8 de janeiro de 2023. Eram verdadeiras cidadelas que defendiam, abertamente, um rompimento institucional. Esses acampamentos eram a consequência material das muitas inverdades disseminadas ao longo do governo Jair Bolsonaro, sempre na tentativa de desgastar a relação entre os Três Poderes, principalmente em relação ao Judiciário.

As estruturas montadas na área do QG não foram erguidas por pessoas que chegaram com a sua barraquinha, de repente, do nada. Havia uma complexa e engenhosa organização ali. As tendas foram distribuídas em setores específicos. Havia cozinhas coletivas e despensa, área para atendimento médico, banheiros químicos e banheiros com chuveiro de água quente. A energia era fornecida por meio de geradores e de placas solares. O acesso à comunicação era garantido por wi-fi, alto-falantes, caminhão utilizado como palco e área própria para o fornecimento de informações.

O relatório final da CPMI indica que também estavam disponíveis serviços de massagem, tenda de atividades para crianças e opções de comércio. Havia, ainda, estruturas para o carregamento de celulares e uma tenda para *youtubers*, com computadores de edição, câmera e demais equipamentos. Os cultos religiosos também tiveram o seu espaço. Alimentos e água não faltavam, pelo contrário. Carne de primeira qualidade chegava gratuitamente com frequência. Tudo estava organizado para abastecer a área. As doações eram outro foco, especialmente em dinheiro. Consta do relatório dos parlamentares que o acampamento em Brasília teve um custo de R$ 376.043,64 para a União, o que corresponde a quase R$ 5 mil por dia. Uma ocupação com tal estrutura, dimensão e duração jamais ocorreria sem a concordância das Forças Armadas e de seu comandante em chefe, o então presidente da República, Jair Bolsonaro.

Ainda acompanhando o relatório final da CPMI, na noite de 2 de novembro de 2022, ou seja, dois dias depois do segundo turno das eleições, mais de 40 barracas já estavam montadas no Setor Militar Urbano. O primeiro comboio chegou à capital no dia 6 de novembro de 2022. No dia 9, foram 115 caminhões. Dois dias depois, 310 veículos estavam no local. Destes, 260 eram caminhões (84%) e 50, *motor homes* (16%). A maioria provinha de Mato Grosso (162), Goiás (47) e Bahia (30). A maior presença de ônibus ocorreu no feriado de 15 de novembro, quando foram contabilizados 95 veículos no SMU.[1] Naquele dia houve um dos maiores atos diante do Quartel-General do Exército. No dia 9 de dezembro, Bolsonaro fez um pronunciamento no qual, além de não admitir expressamente a derrota eleitoral, afirmou a legitimidade das manifestações contrárias ao processo constitucional.[2]

No relatório da CPMI se detalha: "As mensagens de encorajamento dos líderes, e a ausência de uma condenação clara das reivindicações dos manifestantes, eram complementadas por notícias falsas que circulavam, à solta, nos acampamentos. Cada vez mais encapsulados nos acampamentos, os manifestantes pareciam viver em uma bolha informacional ainda mais fechada do que os *clusters* já sabidamente existentes nas redes sociais. Consumiam apenas as informações que queriam receber."[3]

Ao longo de novembro e dezembro, medidas de segurança foram adotadas pelos participantes do acampamento no SMU, em Brasília. Radiocomunicadores passaram a ser usados e integrantes começaram a atuar como um serviço de segurança. Um dos objetivos era identificar possíveis infiltrados. Conforme foi assinalado no relatório que encaminhei ao STF, "no que se refere à presença de pessoas sinalizadas pelo grupo como potenciais infiltradas, cita-se a hostilização contra agentes da Polícia Federal, da vigilância sanitária e os profissionais de imprensa que compareceram ao acampamento".[4]

No início, a mobilização dos acampados se limitou a manifestações na área militar. Mas, depois do grande ato do dia 15 de novembro, os manifestantes ampliaram seu espaço de ação. No dia 2 de dezembro, um grupo de indígenas que apoiava Bolsonaro invadiu a área de embarque do Aeroporto Internacional de Brasília e fez discursos contra ministros do STF e o presidente recém-eleito. No dia 8, outro grupo bloqueou as pistas que dão acesso ao aeroporto. A via foi ocupada nos dois sentidos: em direção ao terminal e na saída do aeroporto.

No entanto, o mais grave naquele final de 2022 seria registrado na noite de 12 de dezembro, dia da diplomação do presidente e do vice-presidente eleitos no TSE, no que foi considerado pelo *Correio Braziliense* "A longa noite do caos golpista em Brasília", título da reportagem publicada no dia seguinte pelo jornal. Conforme relatam os repórteres, por volta das oito da noite a área central de Brasília foi tomada por centenas de bolsonaristas saídos do acampamento em frente ao Quartel-General do Exército, que promoveram uma série de depredações no centro de Brasília sob o pretexto da prisão do indígena José Acácio Tserere Xavante. Pastor de 42 anos, José Acácio havia sido detido por incitação ao crime ao contestar o resultado das eleições e instigar o desentendimento entre as Forças Armadas e o Poder Judiciário, em manifestação diante do Congresso.

A descrição a seguir daquela noite consta do relatório da CPMI: "[...] com rostos cobertos e camisas da Seleção brasileira, dezenas de manifestantes, com pedras e pedaços de madeira nas mãos, tentaram invadir o prédio da

Polícia Federal, mas foram repelidos pelos policiais. Em seguida, espalharam-se pela região central de Brasília, bloquearam vias com pedaços de concreto e botijões de gás, depredaram postes de iluminação, uma lanchonete e uma delegacia de polícia, quebraram e incendiaram veículos e caçambas de lixo, e tentaram derrubar, de um viaduto, um ônibus em chamas."[5]

Havia dispositivos policiais suficientes para que os depredadores fossem presos, mas isso não aconteceu. O motivo, acredito, foi a simples falta de disposição. Situação idêntica à que eu presenciaria depois, no 8 de janeiro. A diferença entre uma data e outra foi a ausência de comando na primeira. Mas os "focos de incêndio" não pararam por aí. Na véspera do Natal, no dia 24 de dezembro, um explosivo foi localizado junto a um caminhão-tanque na via de acesso ao Aeroporto de Brasília. A Polícia Militar foi acionada e o material detonado pelo Esquadrão Antibombas do Batalhão de Operações Especiais (Bope). Identificados e presos, os autores declararam que o crime fora planejado no acampamento do QG do Exército.

Todas essas investidas poderiam ter sido evitadas se as operações para desmobilizar os acampamentos ilegais não tivessem sido abortadas. Ainda no dia 31 de outubro de 2022, a Subsecretaria de Operações Integradas da Secretaria de Segurança Pública do DF articulava ações operacionais para desmobilizar o acampamento no SMU. A primeira ocorreu no dia 12 de novembro,[6] com o objetivo de coibir o comércio irregular na área ocupada, mas, devido à hostilidade contra os fiscais, a operação foi interrompida. Após uma reunião realizada no Comando Militar do Planalto no dia 6 de dezembro, outra operação foi agendada para o dia seguinte. A meta era também impedir o comércio irregular e retirar as barracas desocupadas, para que, em outro momento, toda a infraestrutura do acampamento fosse removida. A operação foi cancelada.

Por fim, no dia 29 de dezembro, a Subsecretaria tentou mais uma vez coibir o comércio irregular no acampamento.[7] Também essa operação não seguiu adiante. O motivo? Segundo o Exército, falta de segurança. Mas, segundo relatos colhidos posteriormente, os motivos foram outros: "Em depoimento à CPMI do 8 de Janeiro, o ex-chefe do Comando Militar do Planalto, general Gustavo Dutra, confirmou que o Exército não desmobilizou os acampamentos porque não eram considerados ilegais e por falta de ordem judicial. Ele relatou que o ex-comandante do Exército, general Marco Freire, desautorizou a realização de três operações da Polícia Militar no QG entre dezembro e janeiro."[8] Caso essas tentativas de desmobilizar os acampamentos não tivessem sido proibidas pelo Alto-Comando do Exército, é possível que o 8 de janeiro tivesse sido evitado.

De qualquer forma, após o episódio de 12 de dezembro, o número de pessoas no acampamento instalado no Setor Militar Urbano foi diminuindo, assim como o número de barracas e de toda a estrutura ali existente. A maior desmobilização ocorreria após a posse do novo governo, em 1º de janeiro de 2023.

A cerimônia transcorreu sem incidente, apesar da enorme tensão nos bastidores. Reportagens, como a da *Folha de S.Paulo* de 22 de novembro de 2022, revelavam que elementos das Forças Armadas vinham propagando que Lula não tomaria posse:[9] Bolsonaro já havia declarado que não passaria a faixa e viajou para os Estados Unidos às vésperas da transmissão do cargo. Dias antes, o general Heleno, um dos principais apoiadores de Bolsonaro, perguntado se "bandido sobe a rampa", respondeu "Não!" e acelerou o carro.[10]

Os sinais de fogo, depois da posse, tornaram-se mais sutis, passando a falsa impressão de que tudo voltaria ao normal. No dia 5 de janeiro de 2023, o estacionamento em frente ao QG estava praticamente desocupado. Talvez restassem ali cerca de 300 pessoas.[11] Essa aparente calmaria seria revertida a partir do dia 6, com a chegada de novos ônibus e manifestantes. No dia seguinte, estima-se que já houvesse no acampamento cerca de 5.500 pessoas.[12]

Eu tinha acabado de chegar a Brasília, no dia 1º de janeiro, e na segunda-feira, dia 2 de janeiro, tomei posse como secretário-executivo do Ministério da Justiça e Segurança Pública, junto com o ministro Flávio Dino. Naquele dia, fomos informados de que a situação no acampamento em frente ao QG era de tranquilidade. Situação que se manteve ao longo da semana, até o domingo, quando tudo mudou.

CAPÍTULO IV

A "TRANQUILA" FALTA DE UM PLANO OPERACIONAL

Flávio Dino não apenas formalizou, como também falou com Ibaneis algumas vezes até a manhã do dia 8. Em todas as vezes a fala do governador foi a mesma: "Está tudo tranquilo."

Nos primeiros dias de janeiro de 2023, apenas as redes sociais denotavam alguma inquietação, com chamadas para manifestações em Brasília. Mas não havia um consenso sobre a amplitude dessas possíveis ações. A Agência Nacional de Transportes Terrestres (ANTT) não confirmava se caravanas estavam a caminho da cidade. Na quinta-feira e na sexta, dias 6 e 7, essa situação começaria a mudar. Cerca de cem ônibus chegaram à capital e aumentaram as convocações para novas mobilizações via mídias sociais.

Naquele momento, eu concentrava as minhas atenções na transição administrativa do Ministério da Justiça. Era uma nova realidade para mim, porque, até 31 de dezembro de 2022, eu era secretário de Comunicação do Maranhão. No dia seguinte, compareci à posse do presidente Lula e, no dia 2, fui empossado e entrei no ministério pela primeira vez para tomar ciência da situação ali. Já como secretário-executivo, tomei conhecimento do primeiro sinal de que algo fora do comum poderia estar acontecendo: na madrugada do dia 7, manifestantes impediram caminhões-tanque de sair da distribuidora de combustíveis Vibra Energia (antiga BR Distribuidora), próxima à Refinaria Henrique Lage, na Rodovia Presidente Dutra, em São José dos Campos, interior de São Paulo.

Assim que recebi essa informação, tentei falar com o secretário de Segurança Pública do estado de São Paulo, Guilherme Muraro Derrite. Como não consegui falar de imediato com Derrite, procurei o secretário-executivo de Segurança Pública, delegado Osvaldo Nico Gonçalves. Passei a conversar com ele e com a gerente-executiva de Relações Institucionais da Vibra Energia, Sheyla Oliveira. A questão era: as forças policiais agiriam ou não para liberar a via e a saída dos caminhões-tanque? Quando, afinal, foi possível falar com Derrite, ele assegurou que a PM de São Paulo agiria.

Enquanto eu dialogava com Derrite, o ministro Flávio Dino conversava com o governador de São Paulo, Tarcísio de Freitas. Apesar da expectativa de que o livre trânsito seria garantido, no fim da manhã de sábado, 7 de janeiro, o ambiente ainda era de grande tensão, porque cerca de 120 caminhões permaneciam bloqueados na sede da Vibra, o que poderia paralisar a Refinaria Henrique Lage e gerar um problema de desabastecimento em São Paulo. A polícia começou a tentar desobstruir a Via Dutra, mas enfrentou uma reação violenta: além de jogarem pedras nos caminhões, os manifestantes ameaçaram os caminhoneiros.

Em conversa com o ministro Flávio Dino, coloquei-me à disposição para ir a São Paulo e apoiar os esforços para controlar a situação, no entanto, ele achou melhor esperarmos. Por volta da uma da tarde, com o apoio da Polícia Militar de São Paulo, os caminhões, finalmente, começaram a sair.

Apesar da chegada de dezenas de ônibus a Brasília e de incidentes pontuais em outros locais do país, ainda não estava claro que os acontecimentos poderiam evoluir de forma tão rápida e tão grave, a ponto de ameaçar a vigência das instituições democráticas. Até aquele momento, a situação na Vibra tinha sido a única na qual eu havia participado diretamente. Incêndio apagado, voltei a me concentrar nas questões administrativas do ministério, enquanto Flávio Dino, na condição de ministro da Justiça e Segurança Pública, seguia monitorando a situação em Brasília e no resto do país. Mas o fogo é traiçoeiro e se espraia muito rapidamente. Quando menos esperamos, tudo são chamas. Foi assim com o 8 de janeiro. O aumento contínuo do número de pessoas no Setor Militar Urbano pode ser percebido nas imagens apensadas ao *Relatório sobre os fatos ocorridos no dia 8 de janeiro de 2023*, entregue ao Supremo Tribunal Federal no desfecho da intervenção.

O movimento no SMU era acompanhado pelas forças policiais. Às dez da manhã de sexta-feira, dia 6, representantes de pelo menos dez órgãos[1] se reuniram para planejar o esquema de segurança do domingo, dia 8. Da reunião, agendada pela Subsecretaria de Operações Integradas da Secretaria de Segurança Pública do Distrito Federal (SSP-DF), resultou mais um Protocolo de Ações Integradas (PAI nº 02/2023). Na ocasião, "o coronel Marcelo Casimiro Vasconcelos Rodrigues, representante da Polícia Militar do Distrito Federal, reportou a existência de monitoramento do movimento pelos órgãos de inteligência da Polícia Militar do Distrito Federal (PMDF) e confirmou a possibilidade de invasão de prédios públicos".[2]

Diante dessas informações, "ficou decidido, então, que a Praça dos Três Poderes seria fechada para pedestres e automóveis e que não seria autorizada a presença de manifestantes na Esplanada dos Ministérios".[3] Considerando esses preparativos, é difícil compreender por que houve tamanho vácuo na segurança da capital no dia 8. Consta do relatório da Comissão Parlamentar Mista de Inquérito que analisou os eventos do dia 8 que o Protocolo de Ações Integradas, elaborado pela coronel da PMDF Cintia Queiroz de Castro no dia 6, havia sido enviado aos participantes da reunião para que as devidas providências fossem tomadas.

No entanto, "não houve a elaboração prévia de Planejamento Operacional nem Ordem de Serviço emitida pelo Departamento Operacional da PMDF".[4] Foi encaminhado apenas o PAI, via circular e memorando. Ambos, contudo, não foram enviados ao Batalhão de Policiamento de Cães, ao Batalhão de Aviação Operacional, nem ao Regimento de Policiamento Montado, "como seria de praxe, o que foge ao padrão operacional de manifestações anteriores".[5] O PAI é uma espécie de diretriz. Quando vai haver uma manifestação, os responsáveis pela segurança se reúnem, estabelecem as diretrizes e o papel de cada um é definido. Tais diretrizes têm de ser transformadas em um plano operacional ou, pelo menos, uma ordem de serviço. Quem faz isso na Polícia Militar é o Departamento de Operações (DOP).

Não houve plano operacional para o dia 8. Não houve sequer ordem de serviço. Se quisermos saber quantos policiais estavam alocados na Esplanada dos Ministérios no dia 8, não conseguiremos. Esse documento não existe. O diagnóstico sobre a atuação das forças policiais do DF naquele momento é claro: não houve um desdobramento operacional nem a mobilização dos efetivos minimamente adequados para garantir a ordem pública diante das ações que estavam sendo organizadas.

A Polícia Militar contava com informantes dentro do acampamento montado no Setor Militar Urbano. Portanto, estava a par da possibilidade de um ataque violento. O relatório da CPMI apuraria, posteriormente, que, "segundo o Grupo Estratégico de Combate aos Atos Antidemocráticos, do Ministério Público Federal, as várias mensagens trocadas nos grupos integrados pelo comando da PMDF comprovam que a instituição contava com informantes ou policiais infiltrados no acampamento em frente ao QG do Exército, e que os serviços de inteligência cumpriram adequadamente suas funções, subsidiando os comandantes operacionais Jorge Eduardo Naime Barreto e Paulo José Ferreira de Souza Bezerra com todas as informações necessárias de que havia possibilidade de invasões e atos violentos".[6]

Ou seja, naquele momento, existiam informações suficientes apontando para uma possível invasão aos prédios do Congresso Nacional, do Supremo Tribunal Federal e do Palácio do Planalto. O que ou quem teria interrompido o fluxo de comunicação a partir do PAI elaborado na reunião do dia 6? Em entrevista à BBC News para o documentário *8 de Janeiro: O dia que abalou o Brasil*, o então ministro da Justiça, Flávio Dino, conta que o secretário de Segurança em exercício no Distrito Federal, Fernando de Souza Oliveira, transmitia ao governador a mensagem de que estava tudo organizado. Por sua vez, o governador repassava ao ministro a mesma informação. "A cadeia de comando era essa",[7] relata no documentário Flávio Dino, que, em fevereiro de 2024 deixaria o ministério para integrar o Supremo Tribunal Federal.

Em outro documentário, *8/1: A democracia resiste*, Flávio Dino explica que o governo federal não tem autoridade sobre a Esplanada. "A Esplanada não é uma BR. A Esplanada é uma via urbana sob a autoridade do governo do Distrito Federal."[8] Já no citado *8 de Janeiro: O dia que abalou o Brasil,* Dino afirma que "muita gente pensa que aqui, por ser o Ministério da Justiça e Segurança Pública, eu posso mandar na PM. Não, quem manda na

PM é o governador do Distrito Federal, assim como os governadores dos estados". Ainda segundo Dino, muitos também acreditavam que a Polícia Federal poderia fazer policiamento ostensivo. "Não pode. Legalmente, não pode", diz ele. E havia, ainda, os que achavam que a Polícia Rodoviária Federal poderia apreender ônibus, se quisesse. "Não. Só é possível apreender se houver alguma ilegalidade preexistente. Alguma ilegalidade configurada." Dessa forma, "o que nos cabia [...] era exatamente dialogar com as autoridades do Distrito Federal. E isso foi feito intensamente".[9]

No fim da tarde de sábado, 7 de janeiro, Flávio Dino recebeu um ofício do diretor-geral da Polícia Federal, Andrei Rodrigues, com um alerta para a gravidade do que poderia ocorrer, no qual ele incluía a possibilidade de depredação de prédios públicos. Imediatamente, o ministro encaminhou o documento a Ibaneis Rocha. Flávio Dino não apenas formalizou, como também falou com Ibaneis algumas vezes até a manhã do dia seguinte. Em todas as vezes a fala do governador foi a mesma: "Está tudo tranquilo."

Hoje, pode-se afirmar que, sem sombra de dúvida, havia total incongruência entre as informações apuradas relativas ao quadro de segurança pública e a tomada de medidas operacionais à altura da gravidade dessas informações por parte da cúpula do governo do Distrito Federal. A questão que se coloca é se essa incongruência foi fruto de incompetência ou se foi intencional. Dias depois dos eventos do dia 8, o governador Ibaneis Rocha, que, diante do caos instalado na capital, foi afastado do cargo pelo Supremo Tribunal Federal, afirmaria, em sua defesa, que o plano de segurança havia sido sabotado e que isso permitiu a invasão dos golpistas às sedes dos Três Poderes.[10]

CAPÍTULO V

Conspiração não passa recibo

A Polícia Militar do DF está acostumada a conter manifestações de 50 mil, de 100 mil pessoas, sem maiores problemas ou incidentes. Entre 4 e 5 mil pessoas participaram do dia 8, uma manifestação pequena para os padrões de Brasília.

Não foram poucos os sinais. O que, então, fazia o governador do Distrito Federal, Ibaneis Rocha, afirmar, repetidamente, que a situação em frente ao QG do Exército e na Praça dos Três Poderes estava absolutamente tranquila? Ibaneis chegou a encaminhar para o ministro Flávio Dino, cerca de uma hora antes da invasão, um áudio que recebera do secretário-executivo do Setor de Segurança Pública do Distrito Federal, Fernando de Souza, em que é dito o seguinte:

> Governador, [vou] passar o último informe, do meio-dia, para o senhor. Tudo tranquilo. Os manifestantes estão descendo do SMU, controlados, escoltados pela polícia. Tivemos uma negociação para eles descerem de forma pacífica, organizada, acompanhada. Toparam. Está um clima bem tranquilo, bem ameno. Uma movimentação bem suave. E a manifestação totalmente pacífica. Até agora. Nossa inteligência está monitorando e não há nenhum informe de questão de agressividade ligada a esse tipo de comportamento. Esse é o último informe para o senhor. Tem aproximadamente 150 ônibus já no DF,

mas todo mundo de forma ordeira e pacífica. No final da tarde eu passo outro informe para o senhor.[1]

Fernando de Souza estava no comando, na ausência do secretário de Segurança Pública do DF, Anderson Torres, que viajara para os Estados Unidos. Teria havido uma segunda intenção, sub-reptícia, no envio de mensagens que garantiam que reinava a paz apenas uma hora antes da invasão e do início da depredação das sedes dos Poderes da República? Conspiração não passa recibo. O que é possível, sim, é apontar decisões controversas e falhas evidentes.

Uma medida que merece uma leitura crítica foi a decisão do governador Ibaneis Rocha de, após o anúncio da vitória de Lula na eleição presidencial, nomear Anderson Torres secretário de Segurança Pública do DF. Torres era um participante de peso do núcleo central do ex-presidente Jair Bolsonaro. Por que o ex-ministro da Justiça do candidato à Presidência derrotado sairia do governo num dia e, no dia seguinte, passaria a comandar a Segurança Pública da Capital Federal? Ele assumiu o cargo na Secretaria no lugar do delegado da Polícia Federal Júlio Danilo Ferreira e, já no dia 2 de janeiro, fez diversas trocas na equipe do ex-secretário. Quatro dias depois, na sexta-feira, dia 6, viajou para Orlando, nos Estados Unidos.

Considerando os bloqueios de estrada, as convocações para manifestações e a montagem de acampamentos na frente de instalações do Exército, o clima nos primeiros dias de janeiro era de tensão em Brasília. Nesse cenário, é surpreendente que o governador tenha nomeado o ex--ministro da Justiça e Segurança Pública do candidato presidencial derrotado, que em momento algum acatou o resultado da eleição, para comandar a segurança da capital.

Outros fatos ocorridos na semana que antecedeu o 8 de janeiro chamam atenção. Alguns procedimentos sensíveis por parte da Polícia Militar foram conduzidos de forma absolutamente fora do padrão. Um exemplo, já mencionado, foi a reunião do dia 6 de janeiro e a elaboração de um Plano de Ação Integrada de segurança, que não resultou em qualquer providência operacional. A reunião produziu um PAI de faz de conta. Outra falha das forças de segurança do DF foi permitir por tanto tempo a permanência do acampamento no SMU. Embora os primeiros pedidos de remoção dos manifestantes tenham sido encaminhados ainda nas primeiras semanas de novembro de 2022, não houve resultado prático, pois "esbarraram na conivência dos militares, responsáveis pela área", conforme foi observado no relatório final da Comissão Parlamentar Mista de Inquérito.[2]

O militante de extrema direita George Washington de Oliveira Sousa, condenado a nove anos e quatro meses de prisão por envolvimento na tentativa de atentado a bomba nas redondezas do Aeroporto de Brasília no dia 24 de dezembro de 2022, afirmaria, em depoimento à CPMI, que "as Forças Armadas estavam fora do acampamento, mas eles faziam a ordem de toda a região, de toda a área

[...], fazendo a segurança".³ Ainda conforme o relatório da CPMI, as inúmeras trocas de informações e as reuniões entre os representantes da Secretaria de Segurança Pública do DF e o Comando Militar do Planalto tratavam apenas da "organização da logística do acampamento: controle de tráfego, retirada de ambulantes e coleta de lixo".⁴ Ou seja, ao invés de providenciarem a remoção do acampamento, os responsáveis pela segurança da capital e o Comando Militar do Planalto trabalhavam em conjunto para organizar a ocupação.

Em 4 de novembro de 2022, o comandante militar do Planalto, general Gustavo Henrique Dutra, solicitou ao então secretário de Segurança, Júlio Danilo Ferreira, apoio para: o controle de ambulantes e barracas dos ocupantes, a manutenção e o recolhimento de lixo, o policiamento ostensivo na área, a permanência de ambulâncias fixas do Corpo de Bombeiros ou do Serviço de Atendimento Móvel de Urgência, para atendimento dos manifestantes, e a disponibilização de local para veículos, incluído um carro de som. No ofício não há, porém, qualquer menção à remoção do acampamento.⁵

Na prática, todas as iniciativas para retirar o acampamento foram frustradas. Uma delas ocorreu no dia 26 de dezembro, após a ameaça de explosão nas proximidades do Aeroporto de Brasília. "Nas tratativas com a Secretaria de Segurança do Distrito Federal, o general Gustavo Henrique Dutra, então chefe do Comando Militar do Planalto, afirmou que o próprio Exército se encarregaria de desmobilizar o acampamento."⁶ Isso, entretanto, nunca ocorreu. Três dias depois, o governo do Distrito Federal tentou novamente desmobilizar o acampamento, mas não obteve apoio da Polícia do Exército. Sequer foi autorizada a entrada da Polícia Militar no SMU a fim de respaldar a ação dos auditores da Secretaria de Estado de Proteção da Ordem Urbanística do Distrito Federal, "que acabaram sendo expulsos do acampamento".⁷

O relatório da CPMI conclui: "[...] observadas a hierarquia e a disciplina militar, é forçoso que se reconheça que nunca houve orientação do comando-geral do Exército para a desmobilização do acampamento, seja por vontade própria, seja em cumprimento a determinações superiores, sob alegação, de duvidosa aderência jurídica, de que a retirada dos acampados exigiria ordem judicial."⁸

Essa paralisia ocorreu apesar dos vários informes a respeito da possibilidade, cada vez maior, de atos violentos e ilegais. O relatório da Subsecretaria de Inteligência da SSP-DF de 6 de janeiro, enviado no mesmo dia 6, às cinco da tarde, para o gabinete do secretário de Segurança Pública do DF, destaca: "[...] possibilidade de invasão e ocupação a órgãos públicos; participação de grupos com intenção de ações adversas, bem como orientação de que o público participante fosse formado por adultos em boa condição física; participação de pessoas que pertenceriam ao segmento de Caçadores, Atiradores Desportivos e Colecionadores (CACs) e possíveis ações de bloqueios em refinarias e/ou distribuidoras."⁹

Outros desacertos ocorreram e comportam uma análise. Um deles foi o tipo de barreira escolhida para o dia da manifestação. O padrão operacional é que quando há risco de ações violentas são usados gradis duplos. No entanto, no dia 8, foram colocadas barreiras de gradis simples. E este não é um detalhe sem importância. Uma das imagens veiculadas da manifestação na Praça dos Três Poderes revela que, em dado momento, havia um grupo de manifestantes sentados, em fila. Eles conversam por meio de radiocomunicadores, levantam-se, juntos, e puxam a linha dos gradis simples, que tombam. Se fossem duplos, a barreira não cairia.

Cabe indagar, ainda, se podemos chamar de descuido o fato de os alunos do Curso de Formação de Praças terem sido mandados para a linha de contenção, assim como o fato de não usarem exoesqueletos, um equipamento de proteção fundamental. As falhas não param aí. Foram registradas cenas de policiais cercados por manifestantes porque a munição química havia acabado. A Polícia Militar do DF está acostumada a conter manifestações de 50 mil, de 100 mil pessoas, sem maiores problemas ou incidentes. Entre 4 e 5 mil pessoas participaram do dia 8, uma manifestação pequena para os padrões de Brasília. Um número de manifestantes modesto para resultar nas invasões e depredações que ocorreram ao longo do dia.

Há relatos de oficiais da PM que corroboram essa análise. Um deles é o da coronel da Polícia Militar Cintia

Queiroz, na época, chefe da Subsecretaria de Operações Integradas da SSP-DF. Segundo a coronel, ela chegou por volta das oito horas do dia 8 à Esplanada dos Ministérios e passou a manhã ao lado do então comandante-geral da Polícia Militar, coronel Fábio Augusto Vieira. Cintia conta que, ao longo da manhã, Fábio Augusto ligou para vários comandantes de batalhões da PM e pediu reforço. A resposta foi sempre a mesma: "Estamos enviando." Mas nunca o fizeram. Vale mencionar ainda que, apesar dos riscos cada vez mais evidentes, a Agência Brasileira de Inteligência, a Abin, cujo mandato inclui a monitoração de possíveis riscos às instituições de Estado, não produziu um relatório. Havia apenas um grupo de WhatsApp.

Até o dia 8, foram elaborados apenas dois relatórios oficiais. O primeiro, da tarde e da noite do dia 6 de janeiro, emitido pela Subsecretaria de Inteligência da SSP-DF,[10] entregue no gabinete de Anderson Torres e recebido pelo secretário-executivo da SSP-DF, Fernando de Souza Oliveira, à frente da Secretaria na ausência de Torres. Esse relatório, entretanto, não resultou na tomada de qualquer providência. O segundo relatório foi entregue no dia 7 pelo diretor da Polícia Federal, Andrei Rodrigues, ao ministro Flávio Dino, que o encaminhou imediatamente ao governador Ibaneis, o qual, mais uma vez, não adotou qualquer medida efetiva.

Para completar, boa parte dos comandantes dos batalhões subordinados ao 1º Comando de Polícia Regional estava de férias no dia 8: estavam ausentes os comandantes do 3º, 5º, 6º, 7º e 24º Batalhões de Polícia Militar, além do comandante do 2º Comando de Policiamento Regional. Os comandantes do Comando de Policiamento de Missões Especiais e do Batalhão de Policiamento de Choque gozavam férias.[11]

O chefe do Departamento Operacional na ocasião, coronel Jorge Eduardo Naime Barreto, solicitou "dispensa recompensa" entre os dias 3 e 8 de janeiro de 2023. Ou seja, também não estava de serviço no dia 8. Ele tinha direito a licença especial? Administrativamente, sim. Foi tudo feito dentro da legalidade. E quanto aos comandantes de férias? Também. Anderson Torres viajou para Orlando na sexta-feira, dia 6 de janeiro. Tudo certo. Em tese, existe cobertura administrativa para esses fatos. Mas as ausências da maior parte da cúpula da Segurança Pública do DF parecem, no mínimo, equivocadas, diante da situação do país e da capital.

Os acontecimentos do 8 de janeiro em Brasília foram consequência de um conjunto de fatores. Entre eles, os aqui citados. Em retrospecto, podemos afirmar também que existiu penetração da extrema direita em parte das forças de segurança, mas seria um erro dizer que a polícia, como um todo, foi contaminada. A maior prova disso é que tivemos 44 policiais militares feridos, lutando para defender as sedes dos Três Poderes. Quando assumi como interventor federal, contei com o total apoio da polícia. Agora, que existiam elementos contaminados, sim, isso é inegável. Também é impossível negar que existiam indícios mais do que suficientes (como as ações dos caminhoneiros, os bloqueios, o 12 de dezembro e o atentado a bomba) para que a segurança no dia 8 de janeiro fosse reforçada.

Os prenúncios eram claros, o monitoramento das ações, constante. O primeiro alerta da Abin, no dia 8 de janeiro de 2023, via grupo de WhatsApp, chegou às 8h53. Às nove horas, outro. Os dois confirmavam que, até as 8h20, haviam chegado 101 ônibus a Brasília para os atos previstos na Esplanada. A primeira mensagem difundida ao grupo de WhatsApp Célula Integrada de Inteligência de Segurança Pública do Distrito Federal,[12] composto por órgãos federais e distritais, entre eles a Polícia Militar do DF e o Gabinete de Segurança Institucional da Presidência da República, dizia que tinha havido "incremento significativo no número de barracas de ontem [7 de janeiro] para hoje, inclusive de instalação de estruturas maiores. Cozinhas comunitárias, que haviam sido desmontadas, voltaram a funcionar".[13]

Uma hora depois, às dez horas, outro alerta surgiu no mesmo grupo, informando que os manifestantes continuavam chegando ao QG do Exército, porém, em menor número do que no dia 7. No entanto, o número de barracas aumentara significativamente, "inclusive com instalação de estruturas maiores". A mensagem também chamava atenção para as "convocações e incitações para deslocamento até a Esplanada dos Ministérios, ocupações de prédios públicos e ações violentas".[14]

Destaque para "ocupações de prédios públicos e ações violentas", informação que não era apenas um vaticínio. Era um grave alerta. Para qualquer pessoa minimamente atenta, o 8 de janeiro de 2023 estava a caminho.

CAPÍTULO VI

A SANHA DOS "PACÍFICOS" CONTRA UMA JOVEM DEMOCRACIA

A partir daí, os manifestantes se dividiram. Alguns seguiram para o Congresso Nacional e outros partiram em direção ao Palácio do Planalto. Um terceiro grupo se concentrou na via de acesso ao Supremo Tribunal Federal. Por volta das três da tarde, o Congresso foi invadido.

A mensagem que afirmava que o ambiente era de total tranquilidade entre manifestantes inteiramente pacíficos, enviada pelo secretário-executivo da Secretaria de Segurança Pública, Fernando de Souza Oliveira, ao governador, Ibaneis Rocha, cerca de uma hora antes da invasão divergia totalmente dos outros informes circulando naquele momento. "A fala de Fernando de Souza não coincide com os alertas da Abin relativos ao mesmo momento, que reportam 'discursos inflamados', 'pessoas pintando o rosto como se fossem para um combate' e 'relatos de que as forças de segurança policiais e militares não irão confrontá-los'."[1]

Logo os acontecimentos desmentiram o relato de Fernando de Souza e confirmaram o alerta da Abin. A primeira barreira policial foi enfrentada e ultrapassada pelos manifestantes por volta das duas e meia da tarde do dia 8, na altura da Catedral Metropolitana Nossa Senhora Aparecida, a Catedral de Brasília. Segundo o Protocolo de Ações

Integradas elaborado no dia 6, e que não foi levado adiante, seria necessário manter equipes de policiamento especializado na altura da catedral e na passagem que conecta os eixos rodoviários Norte e Sul, mais conhecida como Buraco do Tatu. Mesmo assim, depoimentos dos próprios oficiais responsáveis relataram a inexistência de tropas de Contenção de Distúrbios, como o Batalhão de Choque.[2]

Como não havia resistência, às 14h43 os manifestantes chegaram à linha de contenção na Alameda das Bandeiras, em frente ao Congresso Nacional.[3] "Com poucos policiais e proteção inadequada, a parte externa da linha de contenção foi facilmente rompida pelos manifestantes em movimento sincronizado de retirada dos gradis."[4] A partir daí, os manifestantes se dividiram. Alguns seguiram para o Congresso Nacional e outros partiram em direção ao Palácio do Planalto. Um terceiro grupo se concentrou na via de acesso ao Supremo Tribunal Federal. Por volta das três da tarde, o Congresso foi invadido. Os poucos policiais que ali se encontravam não conseguiram deter os manifestantes, que subiram a rampa de acesso ao prédio.

Logo, os policiais começaram a ser agredidos. A PM Marcela da Silva Morais Pinno foi jogada da cúpula do Congresso, uma altura de três metros, e atacada com pedaços de pau e barras de ferro.[5] A agressividade foi tamanha que o capacete blindado que a soldado usava foi amassado. Quando prestava depoimento à Comissão Parlamentar Mista de Inquérito, Marcela ouviu da senadora Eliziane Gama, que presidia a comissão: "Dessa forma que você foi agredida, não há dúvida nenhuma de que, sem o capacete, você não estaria aqui hoje conversando conosco." Marcela confirmou: "Não. Inclusive, quando eu estava no chão, sendo agredida com barra de ferro, com chutes, socos, eles tentavam retirar minha arma."[6] Marcela, que poucos meses depois seria promovida a cabo por ato de bravura, ainda afirmou que, embora tivesse experiência em situações violentas, "jamais tinha visto agressividade naquela proporção". Os manifestantes "usavam qualquer material à disposição, incluindo estacas das bandeiras, gradis de ferro e pedras portuguesas da Praça dos Três Poderes, além de coquetéis-molotov".[7]

Os equipamentos utilizados por alguns manifestantes chamaram atenção. Segundo reportagem do UOL veiculada no mesmo dia, "os extremistas que invadiram o Congresso Nacional demonstravam sinais de que o ato terrorista fora planejado. Muitos deles chegaram ao local com máscaras de gás, capacetes e suprimentos para acampar no prédio, como roupas e galões d'água".[8] Houve até mesmo quem chegasse "com equipamento de combate similar ao utilizado por policiais e militares. Usavam fardamento, proteções de canela e braço, além de capacetes".

Segundo o documento final da CPMI, um relatório encaminhado pela Polícia Legislativa do Senado Federal à comissão revelou haver indícios de que a invasão na Praça dos Três Poderes "ocorrera com o auxílio de manifestantes que detinham treinamento especializado militar, ante as técnicas desenvolvidas e o uso de granada lacrimogênea GL-310, conhecida como 'bailarina'".[9] A invasão ao Palácio do Planalto ocorreu às 15h20, após um grupo derrubar as grades de isolamento, subir a rampa e quebrar os vidros da fachada. Às 15h37, foi a vez de a turba entrar no Supremo Tribunal Federal.

A desocupação dos prédios só seria iniciada cerca de uma hora depois, às 16h25. A demora na ação do governo do Distrito Federal custaria aos cofres públicos o prejuízo de mais de R$ 24 milhões[10] e, ao Brasil, uma mancha na história de sua jovem democracia. Ainda segundo o relatório final da CPMI: "A reação do governo do Distrito Federal foi lenta. Apenas às 15h01, quando o Congresso Nacional já havia sido invadido, a delegada federal Marília Ferreira de Alencar, subsecretária da Secretaria de Inteligência da Secretaria de Segurança Pública do Distrito Federal, ativou a CISSP/DF em status operacional pleno: solicitou a indicação de ingressantes para comparecimento presencial e sugeriu o horário das 16 horas – mais de uma hora após o rompimento da linha de contenção – para a reunião dos integrantes das inteligências."[11]

Como os policiais da PMDF estavam apenas de sobreaviso, primeiro foram chamados a comparecer na Academia de Polícia Militar de Brasília.[12] Somente depois seguiram para a Esplanada. A reação do Exército também foi lenta. "As primeiras tropas solicitadas pelo general Gonçalves Dias quando ele chegou ao Palácio do Planalto, pouco antes das 15h, demoraram 90 minutos para chegar ao local. A companhia do Batalhão da Guarda Presidencial chegou às 16h40; a companhia da Base de Administração e Apoio do Comando Militar do Planalto e um pelotão do 1º Regimento de Cavalaria de Guardas chegaram às 17h15",[13] quase duas horas depois da invasão da sede da Presidência da República.

O Batalhão de Choque da Polícia Militar do Distrito Federal chegou ao Congresso às cinco da tarde, duas horas após ter sido requisitada e, rapidamente, expulsou os invasores. Cerca de meia hora depois, os prédios estavam liberados, mas os manifestantes passaram a se aglomerar nos canteiros da Esplanada dos Ministérios. Enquanto os prédios eram esvaziados, o secretário de Segurança Pública do DF, Anderson Torres, era exonerado pelo governador Ibaneis Rocha.

Ainda em Araraquara, no interior de São Paulo, para onde tinha viajado no próprio dia 8, o presidente Lula concedeu entrevista ao vivo,[14] às 17h50, sobre as depredações. Naquele momento, ele anunciou a intervenção federal na Segurança Pública do DF. Antes dessa decisão, o presidente e sua equipe discutiram a possibilidade de ser decretada uma ação de Garantia da Lei e da Ordem, mecanismo que autoriza o uso das Forças Armadas na preservação da ordem pública. Quem o advertiu para o risco de se usar a GLO foi a primeira-dama, Janja Lula da Silva. "Foi a Janja que me alertou: não aceita GLO, porque GLO é tudo o que eles querem, é tomar conta do governo", relataria o presidente Lula ao documentário *8/1: A democracia resiste*. Optou-se, então, pelo caminho que parecia mais seguro para a preservação do regime democrático.

A partir do momento em que fui comunicado de que seria o interventor, conduzi a retirada e a prisão dos manifestantes da Esplanada dos Ministérios e o desmonte do acampamento, em uma tensão sem limites do começo ao fim dessa missão.

PARTE II

Um dia na vida de um interventor federal

CAPÍTULO VII

A difícil missão de ordenar o caos

Nesse instante, com todos os ministros ali, olhei pela janela e vi os manifestantes entrando pela lateral do Ministério da Justiça. A minha preocupação aumentou porque, se eles resolvessem invadir o prédio, ainda mais com a presença de vários ministros, a situação, que já não era boa, poderia piorar.

Quando menos esperamos, a vida dá uma dessas reviravoltas e nem sequer temos tempo de parar, respirar, analisar e, aí sim, decidir. Estou diante de um incêndio de grandes proporções, o caos está instalado e o que não tenho é tempo para refletir. Recebo a notícia de que sou o interventor federal na Segurança Pública do Distrito Federal e, de imediato, preciso agir.

Para começar, a minha família está vindo de mudança de São Luís, em um voo que chega por volta das sete e meia. Combinamos que eu viria na frente para Brasília, encontraria um apartamento provisório para ficarmos e eles viajariam depois. E esse depois seria 8 de janeiro de 2023.

Entro em contato com o meu amigo Victor Palmeira e lhe peço que busque a minha esposa, Elisabeth Araújo, o meu filho, o nosso cachorro e a mudança no aeroporto. Passo o endereço onde estou morando temporariamente, a chave eletrônica da porta e explico:

– Não sei se chego, quando chego, a que horas chego. Não sei o que vai acontecer. Acabei de ser nomeado interventor federal dessa guerra aqui.

Victor contaria depois que já havia visto na TV a notícia sobre a intervenção, antes mesmo de falar comigo: "Então, quando Cappelli me ligou, sério, tenso, eu disse: 'Fica tranquilo que vou ao aeroporto.' Quando Betinha chegou, ela não tinha ideia alguma do que estava acontecendo, porque era tudo muito inesperado." Isso em um dia que, a princípio, correria sem grandes novidades. Eu tomaria um chope com amigos em um bar e esperaria a hora de ir ao aeroporto. Mas então passei a receber as notícias dos ataques, uma após outra. Era nítido que a situação estava escalando, saindo do controle. Ao perceber isso, liguei para a chefe de gabinete do ministro da Justiça, a Rafaela Vidigal, e perguntei pelo ministro Flávio Dino. Ela me disse que ele havia interrompido o almoço com a família e seguira para o ministério. Naquele momento, decidi ir também.

Quando cheguei ao ministério, Flávio Dino já estava lá. O prédio é todo envidraçado e isso nos permitia ter uma ampla visão da Esplanada e assistir ao inimaginável: os manifestantes estavam invadindo o Palácio do Planalto.

O ministro mantinha constante contato com o presidente Lula, que estava em Araraquara, interior de São Paulo, para onde viajara a fim de verificar os estragos ocasionados pelas chuvas ocorridas na região. Depois de tentar contato, sem sucesso, com o governador do Distrito Federal, Ibaneis Rocha, Flávio Dino conversou com o secretário de Estado da Casa Civil do DF, Gustavo Rocha. Algum tempo depois, chegaram ao ministério a vice-governadora do DF, Celina Leão; o ministro da Defesa, José Múcio Monteiro; o general Gonçalves Dias, o G. Dias, ministro do Gabinete de Segurança Institucional; Alexandre Padilha, ministro da Secretaria de Relações Institucionais da Presidência da República; e a secretária-executiva da Casa Civil, Miriam Belchior.

Naquele instante, com todos os ministros ali, olhei pela janela e vi os manifestantes entrando pela lateral do Ministério da Justiça. A minha preocupação aumentou porque, se eles resolvessem invadir o prédio, ainda mais com a presença de vários ministros, a situação, que já não era boa, poderia piorar. Havia homens da Força Nacional de Segurança Pública lá embaixo, no entanto, eles adotavam uma postura muito passiva.

Foi quando decidi descer, apresentar-me e dar voz de comando, para que ficassem em linha e fechassem a passagem lateral do ministério. Eles seguiram a minha orientação. O ministro José Múcio Monteiro relataria depois, no documentário *8/1: A democracia resiste*: "Porque não tinha comando, alguns soldados que estavam lá embaixo, a gente olhava, tinha alguns soldados, não tinha um comando. Eu me lembro que Cappelli desceu da sala do Dino e foi lá embaixo e falou com os soldados. Olha, vamos pra lá, tenta evitar isso, tenta evitar aquilo."[1]

Flávio Dino estava ao telefone com o presidente Lula exatamente naquele momento. Depois, em uma entrevista concedida no próprio Ministério da Justiça à jornalista Julia Duailibi, ele lembraria: "Como a ligação estava ruim, eu me dirigi a outra sala, aqui ao lado, por esse caminho aqui, em busca de um sinal melhor para o celular. E aí o ministro Padilha me acompanha. Eu e ele ficamos falando com o presidente dessa janela. E, ali embaixo, eu vejo o secretário Cappelli."[2]

Eu havia descido até a entrada do ministério para evitar que algo ainda pior ocorresse, mas às vezes nós emitimos sinais, mesmo inadvertidamente, sem qualquer intenção. Do alto, em sua sala, o ministro Flávio Dino me observava e, premido pelo tempo, decidiu: "E ele [Cappelli] dizia e falava com os policiais e tal. E eu, até então, procurando um interventor. E aí, da janela, eu disse: é ele."[3]

Inicialmente, como combinado com o presidente Lula, o interventor seria o próprio Flávio Dino. O decreto chegou a ser feito no nome do ministro, mas na hora de assinar Flávio percebeu uma incompatibilidade jurídica, pois ele era senador (licenciado). Era preciso encontrar outro nome. E, numa situação de crise aguda, na qual a inação poderia ter graves consequências, tudo era urgente.

Depois de falar com os policiais, mas antes de retornar ao gabinete do ministro, olhei para cima. Era fim de tarde. O dia escurecia. Percebi Flávio Dino e Padilha, da janela, apontando para mim. Na hora, não entendi por quê. Pensei que estivessem comentando alguma coisa sobre a movimentação que eu havia feito. Subi os quatro andares da escada e, ao entrar na sala do ministro, a Rafaela Vidigal me perguntou qual era o meu nome completo. Eu quis saber o motivo e fiquei sabendo que seria o interventor federal. Só faltava o decreto, que estava sendo preparado para o presidente Lula assinar. Após um "meu Deus!", corri para a lateral do ministério, antes mesmo de falar com Flávio Dino, e liguei para meu amigo Victor.

Há momentos na vida em que somos surpreendidos e a ação é a única resposta. Não temos tempo para reuniões, debates, acertos, nada. Momento de crise exige atitude. Cada minuto é fundamental. Era necessário encontrar uma pessoa com a maior urgência, mas a maior parte da equipe do Ministério da Justiça ainda não havia sido nomeada e empossada. Nem mesmo o secretário Nacional de Segurança, o Tadeu Alencar. Se já tivesse, provavelmente teria sido ele o interventor.

O presidente Lula recebeu a notícia de que o ministro Flávio Dino não poderia ser o interventor e aprovou a sugestão de que eu fosse o indicado. O decreto foi preparado e assinado em uma "operação de guerra", como o próprio presidente definiu. Voltando ao gabinete do ministro, encontrei Dino e ele confirmou que eu acabara de ser nomeado interventor federal na Segurança Pública do Distrito Federal pelo presidente da República e que o decreto de nomeação estava no meu WhatsApp. Seguindo as coordenadas que me foram transmitidas, eu deveria ir imediatamente para a Secretaria de Segurança e assumir o comando da situação de retirada dos manifestantes da Esplanada dos Ministérios.

Pouco depois, em uma coletiva de imprensa diretamente de Araraquara, o presidente buscou acalmar o país: "Eu queria falar para vocês que todas essas pessoas que fizeram isso serão encontradas e serão punidas. Elas vão perceber que a democracia, ela garante o direito de liberdade, ela garante o direito de livre comunicação, de livre expressão, mas ela também exige que as pessoas respeitem as instituições que foram criadas para fortalecer a democracia."[4] Em seguida, anunciou a intervenção e o nome do interventor. O Brasil inteiro estava diante da televisão, do celular, do computador, inclusive meus irmãos, que entraram em pânico, ainda mais sem conseguir falar comigo. Às vezes, as reviravoltas da vida atingem os que amamos e nada podemos fazer para evitar que isso ocorra.

Mas por que eu como interventor federal? Essa deve ter sido a pergunta de muitos naquele instante. Eu poderia dizer que a decisão resultou de uma sequência de emergências inesperadas e de atos espontâneos. As situações, porém, não nascem do nada. Há uma junção de circunstâncias, de fatos.

Eu trabalhava com o Flávio Dino havia oito anos, período em que construímos uma relação forte, de confiança, identidade e completa sintonia. Além disso, a minha trajetória refletiu determinadas escolhas. Trilhei um caminho muito mais na política, na administração e na gestão pública do que no jornalismo, profissão na qual me formei, mas que praticamente não exerci. E lá se vão 25 anos nessa estrada. No final, porém, o que marca é o que estudamos, como se fosse uma cicatriz ou uma tatuagem. Portanto, sou jornalista de formação.

Quando o presidente perguntou quem era eu, ao ficar sabendo da minha indicação, era como se perguntasse: o que é que um jornalista pode fazer no papel de interventor federal? "Ele queria saber mais sobre o Cappelli, porque ele não se recordava no momento...", contaria o ex-ministro e prefeito de Araraquara, Edinho Silva, no documentário *8/1: A democracia resiste*:

– Sim, mas qual é o nome?
– Ricardo Garcia Cappelli.
– Mas quem é ele? Ele é policial?
– Não, presidente.
– Ele é especialista em segurança pública?
– Não.
– Ele é o quê, então, Flávio?
– É jornalista.
– Jornalista?! E como é que vai ser isso?
– Ele é jornalista e é o zero dois aqui do Ministério da Justiça.

No documentário citado, dirigido por Julia Duailibi e Rafael Norton, o ministro relata sua conversa com o presidente: "Eu digo ao presidente, digo ao Padilha... Olha, o Cappelli tem experiência, tem autoridade para ser o interventor." Mas eu não seguiria sozinho nessa empreitada. O Diego Galdino, meu secretário-executivo adjunto, depois secretário-executivo do Ministério do Esporte, estaria comigo. Flávio Dino virou-se para ele e avisou:

– Diego, o Cappelli não vai sozinho, não. Ele é o "coronel" e você é o "major". Vá com ele e assuma isso.

Quando o Diego saiu da sala, alguns policiais que estavam ali na entrada já colocaram em prática a nova nomenclatura que ouviram do ministro.

– "Major", o senhor está com a sua arma aí? – perguntaram ao Diego, logo o Diego, que nunca teve arma alguma em toda a sua vida, na verdade, ele nunca segurou uma arma.

Depois da ordem de Flávio Dino para assumirmos o controle na Secretaria de Segurança, segui direto para o Centro Integrado de Operações de Brasília junto com o "major" Diego Galdino. Quando chegamos, estava ali boa parte do comando da Secretaria de Segurança Pública do Distrito Federal, entre eles: o então subcomandante da Polícia Militar, Klepter Rosa; o secretário-executivo da SSP-DF, Fernando de Souza Oliveira; a comandante do Corpo de Bombeiros Militar, coronel Mônica de Mesquita Miranda; e o delegado-geral da Polícia Civil do Distrito Federal, Robson Cândido.

Eu tinha uma responsabilidade monumental nas minhas mãos e estava muito tenso. No Centro Integrado de Operações, reafirmei que o que estava acontecendo na Praça dos Três Poderes era gravíssimo e inaceitável. Perguntei qual era o efetivo disponível e determinei a mobilização de todos os que se encontravam de prontidão, da Polícia Militar, do Corpo de Bombeiros, da Polícia Civil. Todos os oficiais e tropas disponíveis eram necessários, porque a arquitetura de Brasília é desafiadora para quem tem a responsabilidade de garantir a segurança pública. É um campo aberto, amplo, com vários flancos e diversas possibilidades para as pessoas furarem bloqueios.

O Fernando de Souza pediu a palavra, porque naquele momento ele era, em tese, o segundo na hierarquia da Secretaria de Segurança, depois apenas do interventor. Sua intenção era fazer um balanço, mas o interrompi, porque não era hora para balanços. Crise exige ação; balanço se faz depois.

Enquanto o efetivo estava sendo mobilizado, me perguntaram se eu queria um helicóptero para sobrevoar a área.

– Não, eu não irei de helicóptero. Ninguém irá de helicóptero. Eu vou para a linha avançada da Polícia Militar comandar a tropa na Esplanada, do asfalto, e todos os senhores aqui irão comigo.

CAPÍTULO VIII

Da Esplanada ao SMU: sob intempéries e confrontos velados

"Estou em campo, andando no asfalto, comandando pessoalmente as forças de segurança, cumprindo a missão que recebi do presidente da República. Ninguém ficará impune. O Estado Democrático de Direito não será emparedado por criminosos."

Tuíte que enviei no dia 8 de janeiro, em campo.

Quando assumi o comando e segui para a Esplanada dos Ministérios, não havia mais manifestantes no interior dos prédios das sedes dos Três Poderes. Conforme descrito no relatório final da CPMI, "por volta das 17h30, boa parte dos prédios invadidos havia sido desocupada, mas uma multidão ainda se concentrava na parte externa do Congresso Nacional".[1] Isso não queria dizer, porém, que a situação estivesse calma. Pouco depois das 18h20, os radicais atearam fogo no gramado do Congresso e muitos deles continuavam ali quando cheguei para cumprir a ordem que me havia sido dada.

Em um primeiro momento, não houve resistência alguma das tropas em relação ao meu comando, até porque todos estavam muito impactados pelo que estava acontecendo. As pessoas perdem a referência e se desorientam em situações de crise, ficam sem saber como proceder, qual o caminho correto a ser tomado. Quando nos encontramos diante de uma crise é necessário afirmar, o quanto antes, uma linha de comando, mostrar um norte, mostrar que existe uma referência, mesmo que, às vezes, seja necessário ser duro.

Sequer havia um secretário de Segurança Pública em Brasília no dia 8, uma vez que seu titular, Anderson Torres, estava nos Estados Unidos e seria exonerado pelo governador Ibaneis Rocha. "Pouco depois, por volta das 18h30, a Advocacia-Geral da União pediu a prisão de Anderson Torres, que foi decretada no dia 10 de janeiro."[2] Um direcionamento poderia ter sido dado pelo governador, mas ele se encontrava incomunicável. Então, quem é que comandava nesse caos? Ninguém, até que chegou a figura do interventor federal, que se tornou uma nova referência para a tropa. E foi incorporando esse novo papel que segui para o combate que teríamos adiante.

A forma que encontrei para alcançar o gramado na frente do Congresso foi por trás do Ministério da Justiça, pois não havia como entrar pela Esplanada. Assim que cheguei na área conflitada, o primeiro ponto a me chamar atenção foi a linha de frente da tropa, que havia adotado uma postura defensiva. A Cavalaria e outras forças já estavam por ali, mas a linha estava estacionada na altura do Ministério da Justiça, protegendo o Congresso e as sedes dos Três Poderes, enquanto a confusão continuava no resto da Esplanada. Bombas de gás lacrimogêneo eram lançadas, mas os manifestantes prosseguiam com a mesma animosidade.

Passei instruções para a linha avançar rapidamente, esvaziar a Esplanada e efetuar o maior número possível de prisões. Segundo o relatório da CPMI, às "20h00 – Ricardo Cappelli, designado interventor, chegou à Esplanada e determinou aos chefes das forças de segurança a mobilização das tropas disponíveis e a convocação para a Esplanada de todo o efetivo existente. Em seguida, determinou que a linha defensiva de policiais que se encontrava na altura da Alameda das Bandeiras avançasse para empurrar os manifestantes para fora da Esplanada e efetuasse o maior número possível de prisões".[3]

Foi nessa hora que descobri qual seria a minha maior luta: fazer a linha andar. Isso, sim, se transformaria em uma batalha. Sob pressão e sem referência, às vezes o descontrole emocional toma conta, nos manipula. Isso é do ser humano. Mas, para um comandante, perder o domínio sobre seus soldados talvez seja uma das piores situações que possam lhe ocorrer. E era essa a circunstância em que se encontrava o comandante-geral da Polícia Militar, o coronel Fábio Augusto Vieira, claramente desnorteado por ter perdido o controle da tropa.

As imagens gravadas naquele dia o mostram em luta, tentando se defender, sendo alvejado na cabeça com um cone por um dos manifestantes... a cabeça aberta, o sangue escorrendo. Isso precisa ser levado em consideração, não há dúvida, mas Fábio Augusto não era apenas um soldado em guerra. Seu papel primordial era comandar e fazer a tropa lutar.

Como disse anteriormente, a Polícia Militar do Distrito Federal costumava conter manifestações bem maiores, mas no dia 8, sob o comando de Fábio Augusto, não conseguiu conter 4 mil, 5 mil pessoas. Talvez ele tenha percebido naquele instante, diante dos espaços públicos depredados, de uma multidão violenta e incontrolável e de uma tropa sem comando, que poderia ser o fim de sua carreira, uma carreira, com certeza, duramente construída. O instante foi muito dramático para todos, inclusive para ele. Diante de um comandante-geral da PMDF enleado, mantive firme o propósito de avançar e efetuar prisões, mas isso só se concretizaria mediante muita insistência e pressão.

Se a situação já era complexa, ficou ainda mais complicada quando surgiu, em meio ao caos, mais uma personagem: o coronel Jorge Eduardo Naime, chefe do Departamento de Operações da PMDF, para mim, peça-chave do 8 de janeiro. Não à toa, no mês seguinte, Naime seria alvo da 5ª fase da Operação Lesa Pátria, conduzida pela Polícia Federal sobre os ataques. Ele foi preso preventivamente em fevereiro de 2023 por suspeita de omissão antes e durante as invasões nas sedes dos Três Poderes.[4] Depois de 461 dias detido, o coronel receberia liberdade provisória em maio de 2024.[5] Mas, naqueles primeiros dias de janeiro, ele estava presente, só sendo afastado do Departamento Operacional da PM-DF dois dias depois da invasão, no dia 10 de janeiro.

Apesar de não estar de serviço no dia 8 de janeiro, já que havia solicitado "dispensa recompensa" de 3 a 8 de janeiro, Naime apareceu na Esplanada. Segundo ele, para ajudar. De licença ou não, era inevitável que sua presença exercesse poder sobre a tropa, um poder que lhe cabia e que, pelo posto que ocupava, lhe era natural.

Existem situações em que as palavras são irrelevantes, até mesmo prescindíveis. Uma delas é quando enfrentamos uma disputa vital com alguém, ainda que sem a ocorrência da violência física. Naime me confrontou sem palavras, de forma furtiva. No entanto, a afronta no campo de ação se percebe pela atitude, pelo olhar, pela condução das peças em jogo. Quando me dirigi a Naime, ele não me respondeu. Não me questionou com palavras, mas na prática, com atitudes, e, mais claro ainda, com o olhar. Foi o único em toda a tropa que teve essa conduta.

O resultado dessa astúcia por parte do coronel Naime foi o entrave, uma barreira que nos impediu de avançar, como se meus comandos não dessem resultado. Caminhei na frente, chamando a tropa, e voltei. Andei e voltei várias vezes, o tempo todo.

– Avancem e prendam todo mundo. Avancem e prendam. Avancem e prendam!

Como no 12 de dezembro de 2022, o dia dos atentados incendiários em Brasília, em que nenhuma prisão foi efetuada, o coronel Jorge Eduardo Naime, que se colocou na linha de frente, demonstrou pouca disposição para prender os invasores. Quando a questão era pôr em prática os meus comandos, o panorama ficava ainda pior. A tropa, claro, o respeitava. Afinal, estávamos diante de um coronel que presidira a Associação dos Oficiais da Polícia Militar do Distrito Federal, sendo, portanto, uma referência para a classe. Sua atitude tornava aquele momento ainda mais árduo do que já seria sem sua presença. Avançamos na marra, na certeza de que um país inteiro aguardava uma notícia tranquilizadora.

Além das artimanhas de Naime, pelejávamos também contra o vento, que nos devolvia o conteúdo das bombas de gás lacrimogêneo. Meus anos de movimento estudantil, que me levaram a ser eleito presidente da União Nacional dos Estudantes (UNE) em Belo Horizonte, em 1997, me deixaram acostumado com o gás lacrimogêneo, mas o "major" Diego Galdino, meu segundo na intervenção, não tinha essa experiência. Ele sentia o rosto queimar muito, sem compreender o que estava ocorrendo. Mais tarde, ele contou como vivenciou aqueles momentos: "Sinto como se fosse pimenta. O nariz fecha, a boca fecha, os olhos começam a lacrimejar. Cappelli se agacha e continua comandando: 'Avança e prende! Avança e prende!', mas diz isso na direção das árvores, porque não enxerga nada. Também me agacho e penso que vou morrer, porque não consigo respirar. É nessa hora que Cappelli me orienta e melhoro. Daí a gente consegue avançar um pouco, e logo vem outro gás, mas já estou mais preparado, mais calmo." De fato, o melhor a fazer nessa circunstância é não passar a mão no rosto, pois a sensação de ardência piora consideravelmente. Parece difícil, mas o melhor é segurar até o "fogo" passar, e foi esse o conselho que dei a Galdino.

Com tenacidade, insistindo na instrução de avançar e prender, conseguimos romper as barreiras, esvaziar a Esplanada e caminhar até a Rodoviária do Plano Piloto. Inseguro por não saber se as prisões seriam efetuadas conforme as orientações que recebemos e transmitimos, ação que demandaria tempo, pedi a Diego Galdino que permanecesse ali e acompanhasse todo o processo, para que eu pudesse prosseguir em marcha com o resto da tropa até o acampamento no Setor Militar Urbano.

Apesar de a coronel Mônica, comandante do Corpo de Bombeiros Militar do DF, ter participado da reunião no Centro Integrado de Operações, logo após eu ser designado interventor, a urgência, naquele momento, não nos permitiu ter um contato maior, o que só ocorreu quando chegamos à rodoviária. Mônica se aproximou de mim e se apresentou. Ela, que foi a primeira mulher a comandar um Corpo de Bombeiros Militar no Brasil, declarou ser republicana, alinhada à Constituição, e acrescentou que eu podia contar com o Corpo de Bombeiros do DF para o que fosse necessário.

A postura da coronel foi muito marcante para mim, porque o interventor é um corpo estranho. É natural que as pessoas e as organizações o vejam com certo receio, que tenham um pé atrás, certa cautela. Mônica foi a primeira pessoa da linha de comando que verbalizou um "Conte comigo!".

Segundo a coronel, em 31 anos de serviço, ela nunca se imaginou em uma situação similar à do 8 de janeiro.

Conforme afirmaria depois, "o quadro era devastador. Triste. Para quem nasceu em Brasília, foi criada naquela área, brincando na Praça dos Três Poderes, para mim, foi como se estivessem matando a minha infância, destruindo aquilo que tenho de tão caro, de tão precioso". Toda a situação com a qual ela se deparou e a ilegalidade dos atos eram inaceitáveis para ela. "Com todo o meu arcabouço de responsabilidades, portanto, comandar uma tropa, sempre cumprir com a legalidade e ser a primeira mulher a comandar o Corpo de Bombeiros Militar do DF, a única do país e da América Latina, eu me aproximo de Cappelli e falo: 'O senhor pode contar comigo.'"

O gesto continha um recado claro: "Não sou igual a essas pessoas que fizeram esses atos antidemocráticos aqui. Nós não somos iguais a eles. Eles são as exceções. Nós somos a regra, que é manter a ordem pública e proteger a democracia. [...] A partir do momento em que Cappelli entrou na sala de gestão estratégica da Secretaria de Segurança Pública e se apresentou como interventor, ali eu já o acolhi, assim como acatei todas as ordens demandadas."

A atitude da coronel Mônica foi muito significativa porque eu não conhecia ninguém no governo do Distrito Federal. Absolutamente ninguém. E esse era mais um fator para tornar a situação nada confortável. A realidade, apesar de palpável, era inusitada. Era noite de domingo e eu estava na Rodoviária do Plano Piloto, em Brasília, comandando uma tropa e lutando para que prisões fossem efetuadas sem conhecer nenhuma das pessoas que estavam atuando ao meu lado.

O desafio ficou maior em consequência das intempéries encontradas pelo caminho, mas nessas horas o que precisamos é manter a calma e o foco. Após observar que algumas prisões haviam sido efetuadas, recomeçamos a nossa marcha, conduzindo a tropa até o Setor Militar Urbano. Quando subíamos o Eixo Monumental,[6] veio a chuva. Eu andava devagar. Usava a mesma roupa que usara naquela tarde para ir ao Ministério da Justiça, sapato e terno, nada propícios para aquela situação. Meus pés latejavam. Alguém se aproximou por trás e me colocou um casaco com capuz, um casaco do Corpo de Bombeiros. Só algum tempo depois descobri que a responsável por essa atitude tinha sido a coronel Mônica: "Aí é coisa de mãe mesmo. Quando começa a respingar, pego uma jaqueta e jogo sobre os ombros dele, porque penso logo que vai estragar o terno e, claro, que ele pode ficar resfriado. E nesses momentos a gente não pode adoecer. Cappelli está ao telefone e, como ele é alto, ainda tenho de dar um pulo para conseguir lançar a jaqueta. Ele nem percebe na hora."

Há quem diga que nunca estamos, de fato, sozinhos. Sob tanta pressão, veio pelas mãos da coronel um gesto para me alentar, para me marcar. Eu tinha sobre os ombros a responsabilidade de comandar as mulheres e os homens das forças policiais da capital, de combater o caos e restabelecer a ordem, pisando em um terreno desconhecido, em todos os sentidos, e alguém que, até então, eu sequer conhecia, se aproximou e apenas me ajudou. Senti-me amparado.

Duas outras presenças que também precisam ser citadas são a do coronel Klepter Rosa, subcomandante da PM, e a da capitã da PM Débora Fayad. Sem que eu lhes pedisse, andaram ao meu lado durante toda a noite do dia 8, desde a reunião no Centro Integrado de Operações e, também, ao longo dos outros dias. Creio que o que funcionou naqueles dias intensos foi a lógica da hierarquia e da disciplina a que os militares são submetidos. Se uma pessoa passou a responder pela Segurança Pública, então, pelo respeito à hierarquia subentende-se, de imediato, que o correto é se alinhar a esse novo comando. Foi o que fizeram Klepter e Débora. Eles seguiram comigo até a entrada do Setor Militar Urbano. São cerca de oito quilômetros da Esplanada até lá, mas essa distância foi ampliada consideravelmente pelo vai e vem resultante do confronto com os manifestantes e pela dificuldade de fazer cumprir o que era determinado. Ao menos naquele momento, o coronel Fábio Augusto estava mais junto da linha e conduziu a tropa.

No caminho até o Setor Militar Urbano, me dei conta de que o Brasil inteiro estava à espera, aguardando os resultados do avanço da tropa desde que a gente havia deixado a Esplanada. Por isso me pareceu que eu deveria emitir um sinal de que estávamos reassumindo o controle da situação e escrevi um tuíte. Na verdade, desde aquela manhã e desde a reunião no Centro Integrado de Operações, a gestão da comunicação, tanto verbal quanto por meio de comportamentos, tinha sido essencial. Um repórter da RBS andava ao meu lado e, obstinado, pedia que eu dissesse algo, mas não era hora de falar nada, apenas de agir. Não havia tempo para entrevistas.

Urgente era mandar uma mensagem para o país, pois as pessoas estavam aflitas, na frente da TV, celulares nas mãos, à espera de notícias. O tuíte, felizmente, circulou com rapidez e foi fonte de alívio para muitos. Até hoje as pessoas falam comigo na rua sobre essa nota, sobre o seu impacto.

Foi um instante apenas, poucas palavras: "Estou em campo, andando no asfalto, comandando pessoalmente as forças de segurança, cumprindo a missão que recebi do presidente da República. Ninguém ficará impune. O Estado Democrático de Direito não será emparedado por criminosos."

CAPÍTULO IX

As ameaças que o Brasil não viu

"Deixa eu lhe falar uma coisa: tenho 48 anos no Exército brasileiro. Estou aqui nessa função apanhando todo dia. Apanho da tropa, apanho da minha família. Não tenho apego a cargo. Eu entrego o cargo, mas vou até o fim pelo meu compromisso com o Brasil."

Por volta das nove da noite, enquanto seguíamos nosso trajeto até o Setor Militar Urbano, o presidente Lula pousou no Aeroporto Internacional de Brasília e às dez estava na Esplanada dos Ministérios. Lá, ele vistoriou o Palácio do Planalto e o Supremo Tribunal Federal, na companhia dos ministros do STF Rosa Weber, Luís Roberto Barroso e Dias Toffoli.[1]

O presidente quis retornar a Brasília assim que soube das invasões, para liderar a resposta aos ataques. No entanto, foi desaconselhado pelos que o acompanhavam naquele momento. O episódio é relatado pelo prefeito de Araraquara, Edinho Silva, em seu livro *Uma cidade na luta pela vida: Da pandemia ao 8 de janeiro*: "[...] a reação de quem estava na sala foi com a mesma ênfase: ele não poderia ir para Brasília sem que a situação estivesse sob total controle." Segundo ele, "era um risco Lula tentar voltar, um risco real ele não conseguir sair do aeroporto, um risco ele ficar sitiado na base aérea, um risco os golpistas tentarem invadir o aeroporto".[2]

Sim, os riscos existiam e talvez fossem ainda maiores do que havíamos suposto em um primeiro momento. A visita de Lula e dos ministros do STF aos prédios devastados foi mais uma mensagem à população de que estávamos avançando nos esforços pela preservação da nossa democracia. Mas, para mim, só ficaria mais claro o que estava em jogo naquela noite de 8 de janeiro quando chegamos ao Setor Militar Urbano.

Lá, conforme descrito no Prólogo desta narrativa, observei que vários manifestantes vindos da Esplanada também chegavam ao SMU. A Polícia do Exército, formando uma barreira, impedia a nossa entrada, assim como a de qualquer veículo, mas permitia que os manifestantes atravessassem a barreira e seguissem para o acampamento. O recado estava claro: nós estávamos impedidos de entrar, mas os manifestantes que haviam ocupado a Esplanada e depredado as sedes dos Três Poderes da República podiam voltar para o SMU, onde contavam com a proteção do Exército.

Diante desse cenário, chamei o comandante-geral da Polícia Militar do DF, o coronel Fábio Augusto Vieira, e lhe pedi que preparasse a tropa, porque íamos entrar e prender todo mundo. Ao ouvir o comando, o coronel ficou tenso e se afastou. Em seguida, fez uma ligação no celular. Encerrada a chamada, voltou até onde eu estava e me disse que o general Gustavo Henrique Dutra, chefe do Comando Militar do Planalto, queria conversar comigo. O general pedia que eu deixasse o SMU e fosse até ele, na Torre de TV.

Recusei o "convite" e pedi ao coronel Fábio Augusto que transmitisse uma mensagem ao general.

– Claro que falo com ele – eu disse –, mas que ele venha até onde estou.

E reforcei:

– Tenho orientação do ministro da Justiça para entrar e prender todo mundo e não vou sair daqui.

O impasse continuou e também a linha da Polícia do Exército, impedindo o acesso ao acampamento. Cerca de quatro minutos depois, chegou o general Dutra. A tropa da Polícia Militar estava posicionada para entrar no SMU e desativar o acampamento. Estávamos a céu aberto, na calçada. O clima era tenso. Tínhamos duas tropas armadas, uma de frente para a outra. Meu objetivo era um só: cumprir a missão que me havia sido dada. Quando o general se aproximou, eu disse que ia executar as ordens recebidas:

– Vou entrar e prender todo mundo.

Mas, enquanto a tropa da PM se preparava, o Exército começou a mobilizar veículos blindados.

Em seu depoimento à CPI dos Atos Antidemocráticos da Câmara Legislativa do Distrito Federal, o coronel Jorge Eduardo Naime, da Polícia Militar, descreveria a cena. "E aí eu voltei para a Rainha da Paz [igreja que fica em frente à pista de entrada do SMU] para poder ir para uma reunião, porque o Cappelli tinha chegado. O coronel Klepter [e] o coronel Fábio tinham chegado no local, estavam conversando, e eu fui lá saber quais eram as ordens. Se ia entrar, se não ia entrar", recordaria.

"Nisso, o major da Silva, que estava comigo lá, me toca e fala: 'Coronel, olha para trás.' Quando eu olhei para trás, tinha uma linha de choque do Exército, montada com blindados, e, por interessante que parecesse, eles não estavam voltados para o acampamento. Eles estavam voltados para a PM, protegendo o acampamento", ressaltaria Naime.[3]

Em meio a tudo isso, o general Dutra e eu tivemos uma discussão muito dura, apesar de formalmente respeitosa.[4] Eu enfatizei a gravidade do que estava acontecendo e disse que medidas enérgicas precisavam ser tomadas. Dutra tentou contemporizar, argumentando que o quadro não era tão crítico assim. Quando percebeu que eu não retrocederia, o general, numa tentativa final de impedir a minha ação, disse que se a PM entrasse teríamos um banho de sangue.

– Banho de sangue por quê, general? O senhor está me dizendo que tem manifestantes armados dentro do acampamento, em uma área militar, e que eles estão sendo protegidos pelo Exército brasileiro?

O general, mais uma vez, tentou amenizar. Seu objetivo, assegurou, era chamar atenção para os ânimos exaltados, o adiantado da hora e o risco de haver correria, enfrentamento e pessoas feridas. Naquele momento, ele se afastou de mim e passou a falar ao telefone, dando a entender que conversava com o general Gonçalves Dias, ministro-chefe do Gabinete de Segurança Institucional. Dutra lhe relatava a situação e lhe pedia que transmitisse as informações ao presidente. Segundo Dutra, o general Dias respondeu que estava ao lado de Lula. Ainda ao telefone, Dutra aproximou-se novamente e conversou com o presidente na minha frente. Fui informado, então, de que deveríamos aguardar a chegada dos ministros José Múcio Monteiro, da Defesa, Flávio Dino, da Justiça, e Rui Costa, da Casa Civil, mas eu não tinha como saber quem estava realmente do outro lado da linha.

Quando desligou o telefone, o general Dutra me disse que o general Júlio César de Arruda, comandante do Exército, estava no QG e gostaria de falar comigo. Concordei, já que ainda estávamos aguardando os ministros. Cada um seguiu em seu carro. Acompanhou-me o coronel Fábio Augusto, da PM, e meu segundo, Diego Galdino. À porta do QG, estavam o general Arruda e um grupo de generais que eu não conhecia. Tudo indicava que integravam o Alto-Comando do Exército. Todos usavam roupas camufladas.

O general Arruda me cumprimentou e me convidou a subir. Na sala do Alto-Comando, nós nos sentamos ao redor de uma mesa, com Arruda ao meu lado e o coronel Fábio Augusto um pouco à nossa frente. Assim que me sentei, o general Arruda se voltou para mim e perguntou:

– O senhor ia entrar aqui com tropas sem a minha autorização?

Sim, eu ia, mas procurei pacificar o ambiente. Já tínhamos incêndios demais naquele dia e não precisávamos de novos focos.

– Eu ia avisar, general...

Ele então se virou na direção de Fábio Augusto:

– Porque eu acho que eu tenho um pouquinho mais de tropas do que o senhor, não é, coronel Fábio Augusto?

A tensão estava no limite. Argumentei mais uma vez que os acontecimentos do dia haviam sido institucionalmente gravíssimos, que as invasões e depredações não podiam ficar impunes e que era vital desmontar o acampamento imediatamente e prender todo mundo.

– O senhor não concorda, general?

– Não, o senhor tem que entender que o Brasil está dividido. E para eu desmontar o acampamento, os senhores têm que devolver os ônibus que a Polícia Rodoviária apreendeu para os manifestantes poderem ir embora.

– General, deixa eu lhe dizer uma coisa: nós não vamos devolver os ônibus e estamos com a lista de todos os que estavam neles. Vamos botar todo mundo na cadeia. Não vai ninguém embora.

– Mas se vocês não devolverem os ônibus, eu não tenho como desmontar o acampamento.

– Tem, sim, general. É simples. Se o senhor desmontar o acampamento, eles vão sair do Setor Militar Urbano. Quando eles saírem e cruzarem o Setor Militar Urbano, eu boto todo mundo na cadeia.

O comandante do Exército, cada vez mais irritado, olhou diretamente para mim:

– Deixa eu lhe falar uma coisa: tenho 48 anos no Exército brasileiro. Estou aqui nessa função apanhando todo dia. Apanho da tropa, apanho da minha família. Não tenho apego a cargo. Eu entrego o cargo, mas vou até o fim pelo meu compromisso com o Brasil.

CAPÍTULO X

Entre o QG e a sede da PF, o estranho sumiço dos ônibus

"'Major', fique aqui, acompanhe o embarque desses últimos ônibus até o final. Vamos ficar em linha, e eu vou para o Setor Policial Sul para ver o que está acontecendo, porque os ônibus não chegaram lá. Pode estar acontecendo alguma coisa com esses ônibus no meio do caminho."

Diante do impasse no Quartel-General do Exército, ficou claro que o melhor seria esperar a chegada dos ministros. Permaneci calado dentro da sala do Estado-Maior, aguardando. Os minutos pareciam horas. Levantei-me e saí da mesa, tomei um café, andei pela sala. A tensão era enorme. Dali a cerca de 15 minutos, chegaram os ministros José Múcio Monteiro, Flávio Dino e Rui Costa. Relatei a situação e eles seguiram para uma nova reunião com o general Arruda no QG do Exército. Na reunião, houve novo embate, dessa vez entre o general e o ministro Flávio Dino. Arruda insistia na devolução dos ônibus apreendidos, que se encontravam na sede da Polícia Rodoviária Federal, para que os manifestantes acampados pudessem deixar a cidade. Flávio Dino, com a autoridade de ministro da Justiça, reafirmou que essa hipótese não existia, pois implicaria a impunidade para invasores e vândalos. Ninguém iria embora. O caminho era um só: o da cadeia.

Enfim, um acordo foi fechado. O acampamento seria desmontado às seis e meia da manhã do dia seguinte. Por volta da meia-noite, voltei para o ministério com Flávio para iniciarmos o planejamento do desmonte e da prisão dos extremistas.

Pouco depois, o ministro do Supremo Tribunal Federal Alexandre de Moraes determinaria o afastamento do governador Ibaneis Rocha por 90 dias[1] e a total desocupação dos QGs do Exército e das unidades militares em todo o país em até 24 horas. Determinaria ainda que "os que cometeram crimes de atos terroristas, associação criminosa, abolição violenta do Estado Democrático de Direito, golpe de Estado, ameaça, perseguição e incitação ao crime" seriam presos em flagrante.[2] E, continuou o ministro, os ônibus utilizados para transporte dos manifestantes até Brasília deveriam ser apreendidos e bloqueados e os seus proprietários, identificados e ouvidos em 48 horas, "apresentando a relação e identificação de todos os passageiros, dos contratantes do transporte, inclusive apresentando contratos escritos caso existam, meios de pagamento e quaisquer outras informações pertinentes".[3]

A maior dificuldade naquele momento referia-se ao grande número de pessoas a serem removidas. Precisávamos de, no mínimo, 40 ônibus. Ainda de madrugada, entrei em contato com o secretário de Transporte e Mobilidade do DF, Valter Casimiro Silveira, relatei a situação e expliquei que precisávamos de 40 ônibus às seis da manhã – ou seja, dali a poucas horas. Essa negociação durou um bom tempo. O secretário se mobilizou e foi conseguindo os ônibus aos poucos. A cada novo número, ele me avisava, até alcançarmos a quantidade necessária. Na hora combinada, os veículos estariam à disposição.

Não pudemos usar os ônibus que haviam levado os manifestantes para Brasília porque ainda estavam sob custódia na sede da PRF, onde seriam identificados e rastreados, assim como seus passageiros. O objetivo era apurar não apenas de onde tinham vindo, mas também quem havia financiado o transporte. Três dias depois da invasão da Praça dos Três Poderes, viriam os primeiros resultados. "No dia 11 de janeiro, a Advocacia-Geral da União solicitou o bloqueio dos bens de 52 pessoas e 7 empresas suspeitas de financiarem o fretamento de ônibus para os extremistas de direita participarem dos atos de vandalismo no dia 8."[4] Depois, no dia 20 de janeiro, a Polícia Federal deflagraria a Operação Lesa Pátria, cujo alvo eram os financiadores e participantes dos atos antidemocráticos de 8 de janeiro.

Tudo acertado quanto à obtenção de novos ônibus para transportar os invasores, abri um diálogo com o diretor-geral da Polícia Federal, Andrei Rodrigues, sobre a operação de retirada do acampamento. Precisávamos definir cada passo e o clima de apreensão prosseguia ao longo da madrugada. O governo havia fechado um acordo sobre os procedimentos com o general Arruda, mas nada garantia que esse acordo seria cumprido às seis e meia.

A operação era bastante complexa, porque não se tratava apenas do desmonte de um acampamento. Envolvia também a prisão e a oitiva de depoimentos individuais de cerca de 1.500 pessoas. Com a determinação do ministro Alexandre de Moraes de que todos fossem presos em flagrante, foi preciso abrir processos judiciais individuais a partir da coleta dos depoimentos de cada preso. Era uma verdadeira operação de guerra na qual estavam envolvidas a Polícia Federal, a Polícia Civil do DF, responsável pelos exames de corpo de delito, e a Secretaria de Estado de Administração Penitenciária do Distrito Federal.

Os preparativos nos mantiveram no Ministério da Justiça até tarde. Fui para casa às três da madrugada do dia 9, quando, enfim, reencontrei meu filho e minha esposa, que haviam chegado de São Luís no início daquela noite. Eles ainda estavam acordados à minha espera e queriam saber tudo o que havia acontecido. O meu celular havia travado, tamanha a quantidade de mensagens, e eles não tinham conseguido falar comigo. Depois de relatar os principais episódios daquele dia intenso, tirei alguns minutos para esticar o corpo, já que seria impossível dormir com a adrenalina nas alturas. Eu me deitei às quatro e às seis já estava na entrada do Setor Militar Urbano.

Quando cheguei, a tensão continuava. A linha de contenção da Polícia do Exército permanecia no mesmo lugar, impedindo a entrada de quem quer que fosse. Do outro lado, a Polícia Militar estava mobilizada, sob o comando do coronel Fábio Augusto. Caminhei até ele e recebi uma notícia preocupante. Fábio Augusto disse que havia estado no QG do Exército para coordenar as ações daquela manhã, tal como acordado, mas fora informado de que não seria permitida a entrada da Polícia Militar no acampamento, pois a desmobilização seria realizada pelas Forças Armadas.

Aguardando o início da operação diante do SMU, estavam os generais Arruda e Dutra. Logo em seguida, chegaram os ministros José Múcio Monteiro e Rui Costa. Quando os ônibus estacionaram, o Exército começou a retirada do acampamento. Logo, os militares se deram conta de que, devido ao grande número de pessoas, poderia haver algum tipo de resistência e permitiram a entrada de um número limitado de policiais militares. Para alívio geral, a retirada foi pacífica.

Enquanto a operação com os ônibus prosseguia, perguntei ao general Dutra se ele precisava de ajuda para desmontar a extensa infraestrutura, a verdadeira minicidade que havia sido instalada no QG do Exército. Eu poderia, expliquei, mobilizar a Secretaria de Estado de Proteção da Ordem Urbanística do Distrito Federal, o DF Legal, uma vez que eles tinham guindastes, caminhões e todos os equipamentos necessários para remover barracas, além de pessoal especializado. Dutra me respondeu que não, porque os empresários que haviam organizado a montagem das barracas e de outras estruturas haviam dito que até o dia seguinte, dia 10, estaria tudo desmontado. Segundo o relatório da CPMI, a Abin identificou que 103 ônibus que chegaram a Brasília foram contratados por 83 empresários e 13 organizações empresariais, a maior parte das regiões Sul e Sudeste.⁵

Naquele momento, o ministro José Múcio pediu que fosse retirada uma faixa estendida diante do QG com críticas ao STF, o que foi feito. O esvaziamento do acampamento prosseguiu. Era possível ouvir as instruções de evacuação difundidas por um megafone. Os manifestantes se dirigiam aos ônibus pacificamente, talvez por terem se dado conta de que não tinham mais a cobertura do Exército. Foi o momento em que a chave dos acontecimentos que eclodiram no dia 8 virou. A gravidade da situação fez o Comando do Exército emitir um aviso claro: acabou, o acampamento chegou ao fim.

A tranquilidade da retirada também se devia ao fato de que os manifestantes ainda não haviam compreendido que seriam detidos. Acreditavam, creio, que seriam levados pelos ônibus a um local temporário e que, depois de prestarem depoimentos à Polícia Federal, seriam liberados. Caso soubessem da prisão iminente, talvez o cenário não tivesse sido o mesmo, fato confirmado posteriormente pelo relatório da CPMI: "Em relatos nas redes sociais, bolsonaristas disseram que foram informados pelos policiais que passariam por uma triagem, com conferência de documentação e revista, após deixarem o acampamento, e seriam liberados."⁶

A desmobilização no SMU foi repetida em todo o país, registrou a *Folha de S.Paulo*: "Acampamentos em Brasília, Rio, São Paulo, Manaus, Salvador, Belo Horizonte e Porto

Alegre foram aos poucos sendo esvaziados nesta segunda [9 de janeiro] por forças de segurança como a Polícia Militar e o Exército. Rodovias também foram liberadas e refinarias, que estavam na mira de extremistas, funcionaram normalmente após policiais impedirem bloqueios."[7]

A reportagem indicava ainda que, "em Brasília, a retirada de todos os golpistas acampados na área do Quartel-General do Exército foi feita logo na manhã e cerca de 1.500 bolsonaristas foram detidos. Os policiais deram cerca de uma hora para que os manifestantes radicais recolhessem seus pertences e deixassem o acampamento e disseram aos presentes que aqueles que continuassem no local seriam detidos".

Inicialmente, os detidos foram levados para a Superintendência Regional da Polícia Federal, no Setor Policial Sul, onde se organizara o contingente de policiais federais necessários para a operação de prisão em flagrante. Decidi monitorar, a distância, o trânsito dos ônibus do SMU até o Setor Policial Sul, mas nada de chegarem, o que era muito estranho, porque a maior parte já havia saído do QG do Exército havia tempo. Então, chamei o "major" Diego Galdino e expliquei que só faltavam sair entre seis e sete ônibus do SMU.

– "Major", fique aqui, acompanhe o embarque desses últimos ônibus até o final. Vamos ficar em linha, e eu vou para o Setor Policial Sul para ver o que está acontecendo, porque os ônibus não chegaram lá. Pode estar acontecendo alguma coisa com esses ônibus no meio do caminho.

Saí com o motorista do Ministério da Justiça. Eu estava muito tenso, sem dormir. Quem estava coordenando o comboio dos ônibus era o coronel Jorge Eduardo Naime, da Polícia Militar, que já havia me dado inúmeros sinais de resistência ao cumprimento das determinações do STF e do ministro da Justiça. Diante de um novo entrave, fiquei furioso:

– Não é possível que esses caras vão fazer essa loucura de sumir com os ônibus!

Segui para a Superintendência da PF, onde encontrei Naime, que, desde o início, me havia confrontado de forma arrogante. Ele foi o único oficial da Polícia Militar que questionou a minha autoridade como interventor federal. Ao lado dele, naquele momento, estavam cinco ou seis homens das forças especiais da Polícia Militar do DF, com suas roupas camufladas. Saí do carro enfurecido:

– Naime, cadê os ônibus?

– Estão chegando.

– Estão chegando como, Naime? Saí de lá muito depois deles e não encontrei ônibus nenhum no caminho.

– Eles vêm mais devagar porque vêm escoltados.

– Naime, é impossível. Eu passei pelo caminho, não vi ônibus algum. Cadê os ônibus, Naime?

– Eles não têm como entrar aqui. Não vai caber.

– Essa decisão não é sua. Cadê os ônibus?!

– Eu mandei parar.

– Parar onde, Naime? Manda os ônibus entrarem aqui imediatamente.

Durante aquele diálogo tenso, um detalhe me passou despercebido, mas o Sandro Rogério, motorista do Ministério da Justiça, estava atento:

– Doutor Cappelli, o senhor viu o que aconteceu na Superintendência da PF?

– O quê?

– Quando o senhor foi para cima do Naime, os caras que estavam com ele cercaram o senhor. Quando eu vi aquilo, liguei o carro. Se eles pegassem o senhor, eu ia tentar jogar o carro em cima deles para salvar o senhor.

De acordo com o relato de Sandro, eu estava de frente para ele e os policiais de frente para mim e de costas para ele. Enquanto eu discutia com Naime e perguntava por que os ônibus com os invasores ainda não haviam chegado, segundo Sandro contou, "dois policiais chegaram a botar as mãos nas armas".

Eu estava tão indignado com o que estava acontecendo que sequer percebi o risco. Fui para cima do coronel e de seus homens "armado" apenas com o decreto da minha nomeação, assinado pelo presidente no meu celular. Tudo o que eu queria era saber onde estavam os ônibus.

CAPÍTULO XI

A guerra das quentinhas

Retornei para a quadra, mas passaram-se 15, 20 minutos e nada de a distribuição começar. Procurando identificar o motivo, verifiquei que o caminhão com os alimentos estava dando uma volta enorme, totalmente desnecessária. O intuito era claramente atrasar ainda mais o almoço.

Minutos depois, os ônibus apareceram. O porte da operação, no entanto, superava a capacidade da Superintendência da Polícia Federal no Setor Policial Sul e foi preciso encaminhar os manifestantes para a Academia Nacional da Polícia Federal, perto da Torre de TV Digital. Havia o risco de, mais uma vez, o coronel Jorge Eduardo Naime interferir no trajeto. Se do QG do Exército até a PF ele havia mandado parar os ônibus, ele poderia muito bem tentar nova tática de obstrução, eu pensava.

Ao ver um carro da PM que havia saído do SMU escoltando os ônibus, me aproximei:

– Rapaz, me perdi do meu carro. Tem vaga aí? Eu vou com vocês aqui na escolta, pode ser?

Abri a porta e entrei sem esperar resposta, seguindo com a escolta até a Academia Nacional da PF, junto com o coronel Klepter Rosa, subcomandante da PM. Ao chegarmos, observando os manifestantes saindo dos ônibus, ele comentou:

– Interventor, olha o perfil de quem está descendo dos ônibus...

A observação de Klepter seria respaldada pelo relatório final da CPMI: "Os dados apontam para um fenômeno aparentemente atípico: os insurgentes seriam pessoas 'comuns', de meia-idade, de perfil interiorano, sem vínculo anterior com episódios de violência. Sobressai, no conjunto, a presença expressiva de mulheres."[1]

O relatório também traz uma análise do perfil dos manifestantes à luz de dois conceitos: "comportamento de manada", do biólogo britânico William Donald Hamilton, e "mente grupal", do antropólogo francês Gustave Le Bon.[2] Os vândalos não se enquadrariam nem em um nem em outro caso. O "comportamento de manada", por exemplo, exigiria anonimato. "Não é esta, definitivamente, a situação dos manifestantes do dia 8 de janeiro. A maior parte dos invasores fazia questão de transmitir, em tempo real, por meio de suas próprias redes sociais, a sequência de depredação dos prédios públicos. Não estavam diluídos na multidão. Orgulhavam-se de seu protagonismo. Buscavam deixar, em cada peça destruída, a sua assinatura, a sua marca, a sua *selfie*."[3]

Diante disso, a CPMI concluiu que os invasores das sedes dos Três Poderes deviam, sim, ser punidos: "Não há, pois, contemporização possível com os depredadores. São, sim, plenamente imputáveis. Foram continuamente advertidos de que incorriam em condutas ilícitas, mas preferiram prosseguir. Agiram dolosa e conscientemente contra o patrimônio público e contra as instituições democráticas."[4]

Do total de pessoas presas em flagrante no dia 9, "745 foram liberadas após identificação, por serem maiores de 70 anos, por terem entre 60 e 70 anos com comorbidade, além de 50 mulheres que estavam com filhos menores de 12 anos nos atos".[5]

Quando fizemos o acordo com o general Arruda para o desmonte do acampamento na manhã do dia 9, e não na noite do dia 8, o objetivo foi evitar confrontos e, possivelmente, mais violência. Sabíamos do risco de ocorrerem evasões durante a madrugada, o que, muito provavelmente, aconteceu, mas foi o acordo possível.

O nosso principal objetivo naquele momento era desmontar os acampamentos, sobretudo o de Brasília, símbolo central da contestação aos poderes constitucionais e ao resultado das eleições. A missão foi cumprida sem um único incidente. É difícil, hoje em dia, uma pessoa que cometeu um crime como as depredações do dia 8 se esconder. Uma parte dos que se evadiram do acampamento na madrugada já foi localizada e presa pela Polícia Federal. Tenho a convicção de que todos serão encontrados e responsabilizados por seus atos.

No dia 8 de janeiro, 243 pessoas foram presas em flagrante dentro dos prédios públicos e na Praça dos Três Poderes, sendo 166 homens e 82 mulheres. No dia 9, segundo o relatório do Supremo Tribunal Federal de janeiro de 2024, 1.929 pessoas foram conduzidas à Academia Nacional de Polícia.[6]

Acontece que a Academia é uma escola, não uma unidade prisional. Por isso foi necessário adaptar o espaço. Mantive contato constante com o ministro Flávio Dino, pois, para agilizar o processo, tivemos de mobilizar o maior número possível de delegados da Polícia Federal com o intuito de ouvir as pessoas e lavrar o flagrante, para que só depois fossem encaminhadas ao Instituto Médico-Legal e, enfim, às unidades prisionais.

Por suas proporções, foi uma operação inédita. Mesas foram montadas para os delegados poderem atender os manifestantes, e alguns ônibus foram mantidos à disposição para levarmos os presos para o exame de corpo de delito no IML. Ao mesmo tempo, eu conversava com o secretário de Estado de Administração Penitenciária do Distrito Federal, o delegado Wenderson Souza, porque precisávamos, de uma hora para outra, de mais de mil vagas.

Dias depois, Wenderson relataria ao jornal *O Globo*: "Até então, o fluxo estabelecido era de receber da carceragem da Polícia Civil uma média de 120 pessoas presas por semana, divididas em dois grupos, às terças e sextas-feiras. Na noite de domingo, 8 de janeiro, a partir das prisões nos atos da Praça dos Três Poderes, já começamos a atuar para administrar o aumento significativo desse número. Foram inaugurados blocos no presídio masculino, deslocados efetivos e designados mais de 900 policiais penais para realizar o acolhimento de todos."[7]

A Polícia Civil também precisou se mobilizar para realizar tamanha quantidade de exames de corpo de delito. Durante todo esse trabalho, que começou por volta das três da tarde da segunda-feira, dia 9, e terminou na manhã de quarta, dia 11, tivemos o suporte da Polícia Militar e do Comando de Operações Táticas da Polícia Federal.

Além de organizar a prisão, e a operação que ela exigiu, tive de, em paralelo, assumir o controle efetivo da Secretaria de Segurança Pública do DF. Por volta das duas da tarde do dia 9, o coronel Fábio Augusto, ainda comandante da Polícia Militar, entrou na sala da Diretoria da Academia Nacional de Polícia, onde eu me encontrava, e me informou que o Ministério Público havia acabado de sugerir o seu afastamento.

– Não me sinto mais em condições de seguir na missão. Vou me recolher e o subcomandante, o coronel Klepter, fica aqui à sua disposição.

Aceitei a entrega do cargo sem questionar, mas estava diante de uma situação delicada. Precisava urgentemente montar um novo comando de Segurança Pública da Capital Federal sem conhecer ninguém dos quadros da PM, sem saber dos históricos profissionais de cada um. Passei, então, a tomar decisões a partir do meu *feeling* e do que eu havia constatado no campo de ação. O coronel Klepter se mantivera o tempo todo ao meu lado, me apoiando em tudo desde a minha nomeação como interventor, e verifiquei que a tropa lhe tinha muito respeito. Chamei-o e o convidei para assumir como comandante interino da Polícia Militar do DF, e Klepter prontamente aceitou.[8]

Naquele mesmo dia 9, comecei a ser bombardeado de todos os lados por informações sobre a equipe da Secretaria de Segurança. Nessas horas, muitos têm uma opinião sobre alguém que deve ser trocado, exonerado, afastado... Recebi, por exemplo, inúmeras mensagens atacando a coronel Mônica, comandante do Corpo de Bombeiros Militar do DF, porque, segundo os críticos, ela seria bolsonarista. Adotei, então, o seguinte critério: tomaria decisões a partir do que estava vendo na prática. Não me interessava o que os oficiais haviam feito antes.

Desde que assumira como interventor, eu me sentia como um equilibrista que precisava atender a novas demandas a cada minuto. Enquanto tratava da organização das vagas nas unidades prisionais e da reformulação da liderança da SSP-DF, surgiu uma nova urgência. Era meio-dia e já tínhamos mais de 1.500 pessoas sem comer desde a véspera, na Academia de Polícia. Tudo o que não precisávamos era de detidos passando fome. Tratava-se de uma questão operacional e humanitária. Percebi, também, que alguns dos que integravam as forças de segurança não concordavam com as prisões e verbalizavam esse descontentamento.

– Isso aqui vai dar problema. É muita gente.

– Vai ter rebelião, vai ter confusão. Tem que liberar esse pessoal. Tem que liberar.

Um agente do Comando de Operações Táticas da PF,

não me recordo exatamente quem, era o mais insistente, alegando que a situação ia fugir ao controle a qualquer minuto.

– O senhor está propondo – perguntei – que eu descumpra uma decisão do ministro Alexandre de Moraes? É isso que o senhor está me propondo?

– Não, veja bem...

– Não, não e não! O senhor está propondo que eu descumpra uma decisão do Supremo. Vai ficar todo mundo aqui, os depoimentos serão colhidos e vão sair daqui presos.

No resto do país, a situação também não estava totalmente pacificada. Houve novos ataques contra torres de transmissão de energia elétrica. Segundo informações de desligamentos monitorados pela Agência Nacional de Energia Elétrica e originárias do Sistema Integrado de Perturbações, que é gerido pelo Operador Nacional do Sistema Elétrico, nove torres de transmissão foram atacadas só no dia 9. Três delas foram derrubadas, duas em Medianeira, no Paraná, e uma em Rolim de Moura, em Rondônia.[9]

Em Brasília, resolvido mais um enfrentamento, entre tantos que ocorriam a cada instante, era urgente comprar comida. A pessoa responsável pela alimentação era o secretário de Estado da Casa Civil do Distrito Federal, Gustavo Rocha, com quem falei insistentemente, porque já eram duas da tarde e nada de o almoço chegar. Mais tensão, sem um segundo de descanso. O fato de não haver alimento era mais um pretexto para a retomada da pressão para que os detidos fossem liberados.

– Olha, não tem almoço. Não tem condição. Tem que liberar!

Até que, por volta das duas e meia, as quentinhas chegaram. Memo assim, um integrante do Comando de Operações Táticas protestou mais uma vez:

– Olha, vai dar problema. Já estão com fome, não sei... vai dar problema.

– Não teremos problema algum, porque as quentinhas acabaram de chegar. Pode servir.

– Não, as quentinhas não chegaram.

– Chegaram. Eu acabei de ver. O caminhão está ali.

– Não, não chegaram. Não tem comida para distribuir.

– Então, vamos até lá – e o levei pelo braço até o caminhão, mostrando seu conteúdo, ou seja, comida para todo mundo.

– Vamos distribuir as quentinhas agora! – insisti.

Retornei para a quadra, mas passaram-se 15, 20 minutos e nada de a distribuição começar. Procurando identificar o motivo, verifiquei que o caminhão com os alimentos estava dando uma volta enorme, totalmente desnecessária. O intuito era, claro, atrasar ainda mais o almoço e criar uma situação que pudesse gerar uma possível revolta, quem sabe para justificar a tão almejada soltura dos invasores. Cada providência enfrentava resistências e era realizada na unha, no braço. Não fosse a nossa atuação, passo a passo, com o acompanhamento permanente ao telefone do ministro da Justiça e da direção da PF, os resultados poderiam ter sido outros.

A comida foi, afinal, servida. Imaginei que, enfim, poderia respirar um pouco, mas estava enganado. No início da noite do dia 9, começou a circular uma informação de que uma senhora havia morrido na Academia Nacional de Polícia. A partir daquele momento, minha vida virou um caos, o telefone tocando sem parar...

"Tem gente morrendo aí?", "Morreu gente?".

PARTE III

Gestão de crise e batalha de narrativas

CAPÍTULO XII

Quando a comunicação é a arma

Após um domingo e uma segunda conturbados, acreditei que a terça, dia 10, seria mais tranquila, mas, ainda de manhã, chegou a notícia de que estava prevista uma manifestação de apoiadores de Bolsonaro para o dia seguinte.

A corda foi esticada até o limite com um só objetivo: desestabilizar. Toda notícia que surgia exigia cuidado e atenção apurada. As respostas tinham de ser rápidas e precisas, sem dar margem a interpretações fabricadas, se é que isso era possível quando o assunto era *fake news*.

Houve, de fato, muitos atendimentos médicos na Academia de Polícia. Um hospital de campanha fora montado no local pelo Corpo de Bombeiros Militar do DF, por iniciativa da coronel Mônica. Foi uma providência fundamental. Estávamos lidando com vidas humanas. O calor era insuportável e muitas pessoas não estavam se sentindo bem. Quando recebi a notícia da morte de uma manifestante, corri para o hospital. Lá, verifiquei que se tratava de mais uma mentira. Uma mentira perigosa, que poderia provocar reações extremas e gerar conflitos. Uma senhora havia se sentido mal e fora transferida para uma unidade hospitalar do DF. Apenas isso.

Um dos grandes problemas das notícias falsas é que,

mesmo depois de desmentidas, elas ainda reverberam. Para muitos, o que fica é a mensagem original, principalmente se for corroborada por uma autoridade. Foi o que aconteceu com a falsa notícia da morte da manifestante. A deputada federal Bia Kicis (PL-DF) denunciou a ocorrência da suposta morte em discurso no plenário da Câmara dos Deputados, causando comoção e indignação. Segundo o portal de notícias G1, "a parlamentar chegou a dizer que o caso tinha sido confirmado pela Ordem dos Advogados do Brasil no DF, mas depois disse que cometeu um 'equívoco'".[1] Ainda de acordo com o portal, a imagem usada para construir a *fake news* estava disponível em um banco de imagens gratuito, e o fotógrafo responsável pela foto, Edu Carvalho, disse que ela estava sendo usada indevidamente.

A morte inventada foi apenas uma da série de mentiras produzidas e distribuídas na tarde daquela segunda-feira, dia 9. Fotos, vídeos e mensagens com informações falsas continuaram sendo divulgados. Alguns gravados dentro da própria Academia. O objetivo era tumultuar e difundir as invenções tanto na imprensa quanto na sociedade e forçar a liberação dos detidos.

Diante da avalanche de mentiras e de suas repercussões, surgiu a ideia de recolher o celular dos detidos. Mas a medida me pareceu temerosa. Até aquele momento, a operação de transferência do acampamento do Setor Militar Urbano para a Academia Nacional de Polícia havia ocorrido sem incidentes nem enfrentamentos. Recolher os celulares poderia ser um tiro no pé, provocando reações e gerando ainda mais notícias falsas em um cenário que estava relativamente pacificado. Era preciso encontrar outra saída. Falei com Andrei Rodrigues, diretor-geral da Polícia Federal, e perguntei se ele poderia providenciar um bloqueador de celular. Ele me disse que havia um aparelho portátil, do tamanho de uma maleta, que poderia ser instalado. Ele bloquearia os sinais de celular e nós usaríamos o wi-fi da Academia.

Mais uma vez, como se tudo conspirasse contra, passou-se uma hora, uma hora e meia, e nada de bloqueio. Recebi um telefonema do ministro Flávio Dino, preocupado, pois a chuva de *fake news* prosseguia. Liguei para Andrei Rodrigues.

– Andrei, e a mala?

– Cappelli, nós ligamos, mas não funcionou.

A noite chegou e não havia muito a ser feito, mas continuava sendo crucial reduzir o emaranhado de boatos espalhados pelo país. Decidimos, então, tentar agilizar o processo em curso na Academia, desde o lavramento do flagrante e a realização do exame de corpo de delito até a entrada na unidade prisional.

Naquele momento, o superintendente da PF no Distrito Federal, delegado Victor Cesar dos Santos, que, mais tarde, seria nomeado secretário de Segurança Pública do estado do Rio de Janeiro, me procurou e propôs que, em vez de concluir o processamento dos detidos com a finalidade de transferi-los para a prisão, deveríamos mandar todos para casa, porque já era tarde e havia risco de confusão. Expliquei que não poderia fazer isso, pois cumpria ordens. Foi uma abordagem educada da parte do delegado Cesar dos Santos, gentil, porém equivocada, já que a decisão era uma só e não seria alterada.

Quando chegou o jantar, respirei, mas apenas por alguns segundos, pois precisávamos providenciar lugar para as pessoas dormirem. Alguns tinham seus próprios colchonetes, mas eram poucos. Precisávamos conseguir cerca de mil outros colchonetes. Era um esforço contínuo para prover a estrutura necessária e manter a situação sob controle. Um esforço prejudicado por novos focos de incêndio que surgiam a cada momento. Entre eles, a notícia de que *influencers* pró-Bolsonaro estariam a caminho do acampamento para invadir a área. As mais variadas inverdades surgiam de todos os lados e eram avidamente consumidas, nos mantendo em permanente estado de tensão.

Naquela mesma noite, o Brasil assistiu a um momento simbólico de nossa democracia. O presidente Lula se reuniu com diversos governadores e vice-governadores no Palácio do Planalto. Também participaram do encontro os ministros do Supremo Tribunal Federal Luís Roberto Barroso, Ricardo Lewandowski e Dias Toffoli, a presidente da Corte, Rosa Weber, além do presidente da Câmara dos Deputados, Arthur Lira, entre outros ministros, parlamentares e autoridades.

Em seguida, o presidente convidou todos para ir a pé, pela Praça dos Três Poderes, até o prédio do STF.[2]

A caminhada foi curta, mas sua simbologia era única: os Poderes estavam unidos na defesa da democracia. Ainda durante a reunião, a ministra Rosa Weber dissera: "Esse apoio, essa solidariedade, sobretudo o sentido desta união em torno de um Brasil que todos nós queremos, que é um Brasil de paz, um Brasil solidário, um Brasil fraterno, é extremamente importante."[3]

Imagens, às vezes, falam mais do que palavras, e as cenas da caminhada foram mais um recado positivo para o Brasil. O momento era difícil, sim, mas os Três Poderes estavam empenhados na defesa das instituições. Foi munido desse mesmo sentimento que, naquela noite, apesar do esgotamento físico e mental, concedi a primeira entrevista na condição de interventor.

A jornalista Renata Lo Prete já havia me convidado a entrar ao vivo no *Jornal da Globo*, mas eu resistira, porque estava exausto, sem dormir, e porque eu mantinha a linha adotada com a imprensa desde o início: há hora de agir e há hora de falar. Mas o meu telefone tocava sem parar e eu recebia incontáveis mensagens, a maioria de jornalistas. Foram tantas que o aparelho travou. A demanda por informações era enorme e urgente. Naquele momento, enquanto o presidente e lideranças dos Três Poderes visitavam os prédios invadidos e depredados, o ministro Flávio Dino entrou em contato comigo e disse que eu deveria conceder a entrevista a Lo Prete. Era vital transmitir uma mensagem de tranquilidade ao país.

Eu havia andado cerca de oito quilômetros da Esplanada até o Setor Militar Urbano no dia 8, conduzindo a tropa, em um ir e vir sem fim. Depois, passara a noite em claro, ajudando a organizar a desmobilização do acampamento em frente ao QG do Exército e a transferência dos invasores para a Academia Nacional de Polícia, que ocorreriam na manhã seguinte. Fiquei em pé ao longo de todo aquele dia 9, coordenando o acampamento na Academia, o processamento dos detidos e o combate às *fake news*. Sempre em um ambiente de extrema tensão. E ainda deveria conceder uma entrevista ao vivo em rede nacional? O meu grande medo era dormir durante o programa, tamanha a fadiga.

Afinal, preparei-me para entrar no *Jornal da Globo* pouco depois da meia-noite. Tinha cerca de 20 minutos de espera pela frente. Quando a entrevista começou, a Lo Prete me fez algumas perguntas às quais não respondi diretamente. Informei o que era necessário, o que precisava ser dito. Essa é uma máxima da gestão de crise. O jornalista pode perguntar o que quiser, está no direito dele, mas o entrevistado também tem o direito de responder o que lhe parecer correto e oportuno, até mesmo exatamente àquilo que o jornalista indagou, se for esse o caso. E o meu objetivo naquela primeira entrevista depois do 8 de janeiro era tranquilizar a opinião pública.

Tentei passar serenidade e confiança de que a situação estava sob controle: "A gente vai cumprir a lei até as últimas consequências, com equilíbrio e razoabilidade, para que fique claro que ninguém vai atentar contra o Estado

Democrático de Direito no Brasil e isso vai ficar impune, que as pessoas vão atentar contra as instituições e não vão sofrer nada. Vão sofrer. Não haverá impunidade, e nós vamos até as últimas consequências. Já estamos fazendo identificação, lavrando os autos e encaminhando todos para as unidades prisionais."[4]

Por volta da uma da manhã, fui para casa e dormi um pouco. Acordei cedo e mandei uma mensagem para a Lo Prete em que agradeci pela entrevista e pedi desculpas por não ter respondido a todas as perguntas. Expliquei que eu não podia. Ela respondeu que estava tudo bem, pois a entrevista e a audiência haviam sido ótimas e a repercussão, excepcional. Ela compreendia que a minha missão era passar uma mensagem de segurança e estabilidade. Fiquei mais tranquilo e com a certeza de ter tomado a decisão correta.

Após um domingo e uma segunda conturbados, acreditei que a terça, dia 10, seria mais tranquila, mas, ainda de manhã, chegou a notícia de que estava prevista uma manifestação de apoiadores de Bolsonaro para o dia seguinte. A informação se espalhou, intensificando a guerra psicológica que havia tomado conta da internet. A apreensão era muito grande. As mensagens surgiam como labaredas no capim seco, incontroláveis. Os incidentes violentos ainda eram muito recentes e o país estava com a ferida aberta, o medo à flor da pele.

Nas redes sociais, na convocação dos manifestantes pró-Bolsonaro para o dia 11, afirmava-se que o evento seria uma resposta à atuação do Ministério da Justiça, ou seja, à retirada do acampamento do Setor Militar Urbano e às prisões. Os radicais executavam um movimento organizado para tentar jogar a culpa das invasões e depredações do dia 8 sobre o governo federal. O objetivo era desestruturar, provocar mais desordem. Era preciso combater essa onda e estancar o disse me disse em torno da manifestação.

O dia 10 era também a data da posse do novo diretor-geral da Polícia Federal, Andrei Rodrigues,[5] e aproveitei a saída da cerimônia no Ministério da Justiça para um quebra-queixo com a imprensa. Na entrevista sublinhei, pela primeira vez, a responsabilidade do ex-secretário de Segurança Pública do DF Anderson Torres. Afirmei que ele teria de se explicar sobre os fatos do dia 8 e sobre todas as "falhas" que haviam ocorrido naquele dia.

As informações chegavam sem parar, até porque investigações estavam em andamento e o país permanecia vigilante. Na tarde do dia 10, em uma operação de busca e apreensão realizada pela Polícia Federal na casa de Anderson Torres, foi encontrada uma "minuta de um decreto para instaurar estado de defesa na sede do TSE, extensível às sedes dos TREs. A chamada 'minuta do golpe' estava guardada em um armário, dentro de uma pasta do governo federal e junto a outros itens pessoais e de reputada relevância, como fotos de família e uma imagem religiosa".[6]

Torres ainda estava nos Estados Unidos quando essa e outras "bombas" explodiram aqui no Brasil.[7] Enquanto ele tentava se eximir de suas ações, lutávamos para consertar os estragos provocados por sua conivência com os ataques do dia 8. Em meio às ameaças de que uma nova manifestação ocorreria no dia seguinte, prossegui com a reorganização das forças de Segurança Pública.

Conversei com o chefe de gabinete da Secretaria, o delegado da Polícia Civil Thiago Frederico de Souza Costa, há tempos na equipe, e expus o meu critério para o remanejamento: eu tentaria recompor o grupo de trabalho que cuidara da organização da posse do presidente Lula, ocorrida dez dias antes, e que havia sido exemplar. Os problemas só surgiram depois que Anderson Torres assumiu a Secretaria e trocou parte daquele grupo de trabalho.

– Thiago, exonera todo mundo que o Anderson nomeou. Depois, liga para as pessoas da equipe do ex-secretário Júlio Danilo exoneradas pelo Torres e que estavam na operação do dia 1º. Diga que estou fazendo um apelo... pergunta se querem voltar.

– Mas você não quer conversar com eles antes?

– Não. Eu não quero. Não tenho tempo. Vou por critério técnico, que é a posse do presidente. Liga para todos eles e pergunta. Quem quiser voltar você nomeia e eu assino. Depois que estiverem nomeados, converso com eles.

Foi a primeira vez que nomeei pessoas sem conhecer, sem saber quem eram, mas cada segundo contava e eram pessoas que haviam desempenhado bem suas funções sob o comando de Júlio Danilo. Em meio a uma crise, era melhor não inventar. Não era necessário que eu escolhesse gente da minha estrita confiança. A meta era restabelecer a eficácia da Secretaria, portanto, o melhor era voltar com pessoas que já conheciam seus ofícios e a casa. Muitos retornaram, entre eles o delegado da Polícia Federal Milton Neves, que reassumiu como secretário-executivo.

Mais cedo, o delegado da PF Fernando de Souza Oliveira, ainda secretário-executivo, havia me procurado, porque Anderson Torres estava lançando sobre ele a culpa pela falta de segurança e pelas depredações do 8 de janeiro. Quando ele entrou na sala, ficaram nítidas a sua raiva e a indignação com as falas de Torres, e o quanto ele estava abalado. Fernando me mostrou no *Diário Oficial do GDF* o registro das férias de Torres, iniciadas apenas na segunda-feira, dia 9 de janeiro.

– Secretário, eu tenho muitos anos como delegado da Polícia Federal, tenho filhos pequenos... O que for meu, eu vou assumir, mas no dia 8 a responsabilidade não era minha...

– Fernando, eu compreendo... mas vou trocar a equipe nomeada pelo Anderson e você é um deles. Não estou te prejulgando, não é nada disso, mas tenho que restabelecer uma linha de estabilidade aqui...

Quando, enfim, saíram as exonerações do comando da Secretaria de Segurança,[8] o comandante Klepter Rosa me perguntou se eu tinha nomes para preencher todas as vagas na Polícia Militar. Eu havia chamado de volta os nomes com cargos na Secretaria, mas a tropa era outro assunto, outra esfera.

CAPÍTULO XIII

O jogo sórdido
das *fake news*

"Não há hipótese de se repetir o que aconteceu no dia 8. Nós vamos montar a maior operação de segurança da história do Distrito Federal."
"Mas são as mesmas forças de segurança que estavam no dia 8. O que vai ter de diferente?"

É um erro grave nomear oficiais indicados por políticos para a estrutura de comando de uma tropa policial. Isso porque um chefe de batalhão indicado politicamente passa a responder a quem o recomendou, quebrando a hierarquia, vital para o funcionamento de um órgão de segurança. Portanto, mesmo que eu conhecesse indivíduos na Polícia Militar do Distrito Federal, não indicaria alguém. Minha função era definir o time principal, e a partir daí cada um deles deveria montar a própria equipe.

– Não tenho nomes e não quero ter, Klepter – respondi ao coronel –, o senhor é o comandante da Polícia Militar. O senhor define quem vai comandar os batalhões. Traga os nomes que eu vou nomear. Não quero saber quem são. Agora, se der qualquer problema, a responsabilidade é do senhor, porque o senhor é quem responde por todos eles.

Nomeações à parte, tínhamos um problema maior para resolver: a manifestação anunciada para as seis da tarde do dia seguinte, dia 11. Ao sair do ministério após o quebra-queixo, eu me reuni com o comando da Secretaria de Segurança Pública do DF e convoquei nova reunião de planejamento operacional para a manhã da quarta-feira.

A terça-feira bem que poderia ter terminado ali, mas, mantendo o padrão daqueles dias, surgiu um novo contratempo. O delegado da Polícia Federal que coordenava a operação na Academia Nacional de Polícia me ligou dizendo que as empresas que faziam o transporte dos presos da Academia até o Instituto Médico-Legal, e depois até o presídio, haviam recolhido os ônibus. A sua preocupação era com o comportamento das pessoas que tomassem conhecimento de que seriam presas quando concluíssem os depoimentos.

– Tenho de tirar essa gente daqui – ele me disse –, porque são 150 que sabem que serão presos. Se ficarem aqui por muito tempo, podem se rebelar. Não temos efetivo para segurar essas pessoas.

Já era tarde, passava da meia-noite. Liguei para Klepter Rosa porque, àquela hora, para mim, só uma instituição seria capaz de resolver o problema, e essa instituição era a Polícia Militar.

– Comandante, tenho um pedido difícil para lhe passar a essa hora...

– Pois não, interventor.

– Preciso de quatro ônibus agora na Academia de Polícia.

– A missão será cumprida.

Em pouco tempo, os quatro veículos da PM estavam disponíveis. Apenas uma corporação militar com cultura de hierarquia e disciplina é capaz de tirar quatro pessoas da cama à uma da madrugada para dirigir ônibus e transportar presos.

Problema sanado, fui dormir com a possibilidade de uma nova manifestação agitando a imprensa e o país. Uma reportagem do site de notícias G1, publicada no final do dia 10 de janeiro, captaria o clima daquela noite: "A Advocacia-Geral da União (AGU) entrou na noite desta terça-feira com uma petição junto ao ministro Alexandre de Moraes (STF) após detectar o risco de reedição dos atos golpistas. Ainda nesta terça, em uma rede social, o ex-presidente Jair Bolsonaro compartilhou um vídeo de uma apoiadora que afirma que Lula não teria sido eleito pelo povo, mas escolhido pelo STF, o que é uma mentira."[1]

A possibilidade de uma repetição da invasão e depredação das sedes dos Três Poderes gerava enorme intranquilidade. Até aquele momento, eu era a minha própria assessoria de imprensa; eu e o meu WhatsApp, que, aliás, havia congelado havia tempo. Felizmente, na manhã do dia 11, a jornalista Débora Cademartori chegou para me ajudar. Mas não teve tempo nem de respirar. Mal entrou na minha sala e eu já fui relatando a nova crise e pedindo que ela convocasse uma coletiva para meia hora depois, pois era urgente assumir o controle da narrativa.

A própria Débora descreveria aquele momento em entrevista: "A imprensa está muito ávida por informação, e o telefone do Cappelli não para de tocar. Quando sou colocada na assessoria da intervenção, os assessores do

Ministério da Justiça começam a passar o meu contato para os jornalistas, e nunca recebi tanta mensagem na minha vida. Há muito interesse da imprensa em saber os próximos passos da intervenção e sobre a movimentação programada para o dia 11. [...] Quando chego, Cappelli está comandando a reunião, me aproximo e falo no ouvido dele: 'Sou a Débora e sou a sua nova assessora de imprensa.'"

A primeira missão viria em seguida: "Por volta das 11h15, algo assim, Cappelli me fala: 'Coletiva de imprensa às 11h30 aqui.' E eu comigo mesma: 'Meu Deus do céu, como vou convocar uma coletiva de imprensa para jornalistas do país inteiro em 15 minutos?'. Mas, missão dada, missão cumprida. Converso com o pessoal do Ministério da Justiça, que tem um *mailing* superfarto, faço o aviso, encaminho para revisão no ministério, depois reviso de volta e, em seguida, disparamos. Em meia hora estamos com a coletiva de imprensa pronta e armada."

Essa agilidade era imprescindível, pois não podíamos deixar que a onda de uma nova manifestação radical em Brasília ganhasse força. Às vezes, uma *fake news* acaba se difundindo e se consolidando porque, em certo sentido, como observa o sociólogo Jessé Souza, "verdadeira será a 'notícia' que alcançar o maior número de compartilhamentos no WhatsApp e curtidas no Facebook [nas redes sociais], permitindo que as questões centrais do debate público sejam resolvidas por quem tem mais dinheiro [ou seguidores] para disseminar seu discurso".[2]

As *fake news* eram a arma daquela incessante guerra de comunicação. Primeiro, havia sido a notícia da morte da senhora no acampamento, agora, uma nova manifestação. Tentavam criar um clima de sublevação, de revolta contra o governo recém-eleito.

Agendei a coletiva para a manhã do dia 11, para logo depois da reunião no Centro Integrado de Operações de Brasília que reuniria os principais nomes da Secretaria e os comandos da Polícia Militar, da Polícia Civil, do Corpo de Bombeiros e do Departamento Estadual de Trânsito, o Detran. Mas, antes da reunião, cujo objetivo era transmitir o planejamento para a ação das forças de segurança, a comandante do Corpo de Bombeiros, a coronel Mônica de Mesquita Miranda, foi falar comigo enquanto eu tomava um café no canto da sala.

Em meio a toda aquela efervescência, eu ainda tinha de lidar com pressões vindas de todos os lados para manter ou exonerar pessoas, por um motivo ou por outro. Desde a segunda-feira, dia 9, eu vinha recebendo ligações que defendiam a manutenção do delegado-geral da Polícia Civil, Robson Cândido, no cargo, e que me estimulavam a exonerar a coronel Mônica. Segundo essas ligações, ela seria bolsonarista. Era um verdadeiro bombardeio contra ou a favor dos dois nomes. Quando tomou conhecimento da situação, Mônica me procurou.

– Interventor, preciso falar uma coisa com o senhor sobre as minhas posições políticas, sobre a minha trajetória. Eu queria que o senhor soubesse por mim...

Quando ela começou a falar, eu a interrompi:
— Comandante Mônica, nem termine. Não precisa. Desde segunda-feira, estou recebendo mensagens sobre a senhora. Não me interessa a sua posição política. O Brasil é um país livre, democrático, cada um pode votar em quem quiser. Não me interessa em quem a senhora votou, para quem a senhora fez campanha. Não me pauto por isso. O que me interessa é o respeito à Constituição. E a senhora, desde o momento em que assumi, tem tido uma postura impecável de respeito à Constituição e às regras institucionais e democráticas.

Eu sempre voltava a esse ponto, que precisava ficar muito claro. A linha divisória não era ser de direita ou de esquerda, não era quem votou em Lula ou em Bolsonaro, era quem respeitava a Constituição e quem rasgava a Constituição. Se errássemos nesse posicionamento, errávamos na condução toda.

Após a conversa com a coronel Mônica, prossegui com a reunião de planejamento, com os comandos das forças de segurança. Decidimos pôr em ação todo o efetivo disponível e fechar a Esplanada dos Ministérios na altura da Avenida José Sarney, acima da Alameda das Bandeiras.

— Olha, a gente não tem certeza se haverá manifestação — eu disse aos comandantes —, mas precisamos ter uma operação exemplar. Não só para mostrarmos a quem quer ameaçar os Poderes que o que aconteceu no dia 8 jamais vai acontecer novamente, como também para sinalizar para a sociedade, para o país e para os habitantes de Brasília que eles podem confiar nas forças de segurança do governo do Distrito Federal. Esta é uma oportunidade para vocês reverterem a imagem negativa das forças de segurança depois dos episódios lamentáveis do dia 8.

Depois, durante a coletiva, não deixei margem a dúvidas:

— Não há hipótese de se repetir o que aconteceu no dia 8. Nós vamos montar a maior operação de segurança da história do Distrito Federal.

— Mas são as mesmas forças de segurança que estavam no dia 8. O que vai ter de diferente?

— Comando. A diferença é o comando. No dia 8, o senhor Anderson Torres estava nos Estados Unidos. Hoje, eu estarei aqui. Estarei no asfalto com a tropa. Haverá comando.[3]

No decorrer do dia, a primeira-dama, Janja Lula da Silva, me ligou e me fez um pedido. A sua preocupação era o Museu Nacional da República, onde estava montada a exposição *Brasil futuro: As formas da democracia*, com mais de 200 obras de 104 artistas. A exposição fora aberta ao público no dia 2 de janeiro e fechada às pressas no dia 8. Diante da inquietação da primeira-dama, reforçamos a segurança no museu.

Apesar de a manifestação bolsonarista, afinal, não se materializar, a ação foi simbólica, porque todas as forças de segurança se posicionaram, tal como planejado, nos locais previstos. Por volta das três da tarde, passei a tropa em revista e cumprimentei, um por um, os policiais que estavam compondo a barreira na altura da Avenida L2, perto da Rodoviária do Plano Piloto.

A presença de centenas de bombeiros, com suas roupas laranja, em contraponto com a imensidão e o concreto da Esplanada, marchando em defesa da democracia, era uma imagem muito forte, até porque esse tipo de atividade era novo para eles. Foi naquele momento que percebi que estávamos retomando o controle da tropa, que as polícias Militar e Civil, o Detran e mesmo o Corpo de Bombeiros estavam unidos.

A cena passou a sensação de estarmos virando a página, de estarmos novamente no comando, e foi registrada pela *Folha de S.Paulo*: "Depois dos ataques golpistas de domingo (8), a Esplanada dos Ministérios abrigou, nesta quarta-feira (11), um forte esquema de segurança que contou com centenas de policiais militares, bombeiros, helicóptero, drone, Força de Segurança Nacional e polícia montada, que se espalharam por oito pontos de bloqueio. Ao final, porém, só três manifestantes bolsonaristas apareceram para o ato convocado via redes sociais. Às 18h, horário marcado para o protesto no Distrito Federal, não havia nenhum bolsonarista."[4]

Mas aquela quarta-feira também parecia interminável e guardava mais um episódio, que exigiria uma decisão delicada em um contexto inteiramente novo: manter ou não a final da Supercopa do Brasil 2023, entre Flamengo e Palmeiras, no Estádio Mané Garrincha, no dia 28 de janeiro. A Confederação Brasileira de Futebol (CBF) estava muito apreensiva. Queria saber se haveria condição de realizar a partida e se eu garantia a segurança. Pedi um tempo para pensar, para analisar a situação.

A atuação das tropas naquela manhã me deixara confiante e decidi, finalmente, garantir o jogo. A CBF, entretanto, pediu que enviássemos um ofício. Eu não tinha tempo para elaborar o documento, mas disse que me posicionaria publicamente. No mesmo dia 11, escrevi: "Fui consultado pela CBF sobre a possibilidade de realização em Brasília do jogo da Supercopa entre Palmeiras e Flamengo no final deste mês. Afirmei que há plena condição de segurança, se a confederação assim decidir."

Era uma ação de comunicação, pois era crucial sinalizar que as pessoas podiam confiar nas forças de segurança, que a normalidade estava a caminho. Mas os preparativos para a final exigiriam atenção redobrada. Se naquele momento em que a casa começava a ser reorganizada as torcidas arrumassem confusão, o trabalho de estabilização poderia ser perdido.

CAPÍTULO XIV

Firmeza e equilíbrio

Ao visitar e conversar com os policiais feridos no 8 de janeiro, ficou claro para mim que os extremistas queriam ter em mãos o cadáver de um policial. Isso poderia desestabilizar as forças de segurança. A estratégia era transformar a manifestação em um gatilho para uma crise institucional ainda mais grave do que a que fora realmente provocada.

Tomar uma decisão sobre a final da Supercopa, por mais sério que fosse o assunto, parecia algo menor, em comparação com decisões que afetariam o destino de indivíduos. As responsabilidades do interventor federal iam além de apagar incêndios, pacificar ânimos e restaurar a estabilidade. Elas também envolviam a gestão de pessoas, com as complexidades inerentes ao momento e à natureza humana.

Um desses momentos críticos veio no dia 10 de janeiro, ao ser decretada a prisão do comandante-geral da PMDF, Fábio Augusto Vieira, exonerado naquele dia. A decisão informava que: "Atendendo a um pedido formulado pelo diretor-geral da Polícia Federal, o ministro Alexandre de Moraes, do Supremo Tribunal Federal (STF), determinou, nesta segunda-feira (10), a prisão preventiva de Anderson Torres, ex-secretário de Segurança Pública do Distrito Federal (DF), e do coronel Fábio Vieira, ex-comandante da Polícia Militar do DF."[1]

Na decisão, o ministro Alexandre de Moraes afirmou que "os atos criminosos que resultaram na invasão dos prédios do Palácio do Planalto, do Congresso Nacional e do STF só poderiam ocorrer com a anuência das autoridades competentes pela segurança pública e inteligência, pois a organização das manifestações era fato notório e foi divulgada pela mídia brasileira". Para ele, "a existência de uma organização criminosa, cujos atos têm ocorrido regularmente há meses, inclusive no Distrito Federal, é um forte indício da conivência e da aquiescência do Poder Público com os crimes cometidos, a revelar o grave comprometimento da ordem pública e a possibilidade de repetição de atos semelhantes caso as circunstâncias permaneçam as mesmas".[2]

Coube a mim conduzir a prisão do coronel Fábio Augusto.[3] As responsabilidades do coronel sobre os eventos do dia 8 de janeiro estão sendo devidamente apuradas na ação penal em andamento, como determina a Constituição.[4] Independentemente do resultado dessa apuração, a decretação da prisão foi um momento muito duro para ele e os demais membros da PM. Às vezes, os fatos nos indignam tanto que, imbuídos de nossas ideologias e posições políticas, ignoramos a dor das pessoas envolvidas. Não importa, entretanto, de qual lado estejam nem quão erradas tenham sido as suas ações. Elas serão julgadas e, se consideradas culpadas, serão condenadas e cumprirão pena. Mas essas pessoas têm história, vida particular, profundos laços de amizade entre si, carreiras construídas por anos, muitas vezes sob condições adversas.

Fábio Augusto havia sido subsecretário da Secretaria de Segurança Pública. Com uma longa trajetória na Polícia Militar, era um oficial querido. Por isso achei que aquela prisão poderia mexer com a tropa.

As polícias militares do Brasil estão conectadas em rede, interligadas via grupos de WhatsApp. Prender um oficial que três dias antes era o comandante da PM do Distrito Federal era um gesto forte. Essa informação poderia correr nas mídias sociais como um rastilho de pólvora, ainda mais no momento em que circulava uma mensagem convocando para uma greve da PMDF. Se a corporação do DF se desestabilizasse, haveria o risco real de a turbulência se espalhar para todas as polícias militares do país.

Nesse cenário delicado, convidei para uma reunião o coronel Klepter Rosa, ex-número dois de Fábio Augusto e comandante interino da PMDF, o corregedor-geral da instituição, coronel Leonardo Siqueira dos Santos, e o coronel Valtênio Antônio de Oliveira, também corregedor, para uma reunião. Sentamos ao redor da mesa do secretário de Segurança Pública. Comecei:

— Tenho uma notícia muito dura... e quero contar com o apoio de vocês...

Não era uma questão simples, porque eu, interventor, era um estranho entre eles, que se conheciam há anos, e teria que instruí-los para prender um amigo da vida toda.

– Olha... acabou de sair a prisão do coronel Fábio Augusto. Como os senhores sabem, a Polícia Federal vai cumprir essa decisão, com a participação da Corregedoria da PM, porque ele vai para um quartel militar...

Percebi que o coronel Klepter, à minha direita, ficou completamente pálido. Valtênio, à minha esquerda, passou a respirar de forma ofegante, mão no peito, balançando a cabeça sem parar. O coronel Siqueira foi o único que conseguiu falar:

– Interventor, missão muito dura, muito difícil... mas nós vamos cumprir.

Ele baixou a cabeça e, quando a levantou, acrescentou, os olhos cheios d'água:

– Eu tenho que falar uma coisa para o senhor... o coronel Fábio Augusto é meu padrinho de casamento...

Um silêncio fúnebre tomou conta da sala. O coronel Siqueira teria de efetuar a prisão do amigo e companheiro de farda de décadas.

Após a reunião, fiz contato com a Polícia Federal, que efetuaria a prisão junto com a Corregedoria da PM. Pedi que tudo fosse feito sem alarde e sem a presença da TV, porque qualquer ação midiática poderia gerar revolta na tropa.

– Olha, vocês precisam agir da forma mais tranquila possível – pedi. – Cumpram a prisão, mas sigam descaracterizados. Não pode ter espetáculo. Porque qualquer coisa, qualquer incidente, vocês vão jogar uma bomba no meu colo.

Tudo transcorreu bem, apesar das suscetibilidades emocionais, o que não queria dizer que o risco de uma reação houvesse sido eliminado. Muito pelo contrário. Por isso pensei em uma forma de sinalizar que a prisão de Fábio Augusto não era uma condenação da instituição. Há um espírito de corpo muito natural nessas corporações e a punição de um pode ser sentida como a punição de todos. Perguntei ao coronel Klepter Rosa qual era a condição àquela altura:

– Olha, está muito difícil... A tropa está muito machucada.

Os traumas também eram físicos, pois 44 policiais militares haviam sido feridos no dia 8. Decidi visitá-los no Batalhão de Choque na sexta-feira, dia 13, e prestar-lhes solidariedade.[5] Antes da visita, porém, tive um raro momento de descontração naquela que foi uma das semanas mais tensas da minha vida.

Meu foco, na maior parte do tempo, era a Polícia Militar, por isso tivera pouco contato com a Polícia Civil, até porque estava tudo tranquilo por lá. Mas, assim como alguns haviam insistido na saída da comandante Mônica, outros haviam pedido a permanência do delegado-geral Robson Cândido à frente da Polícia Civil. Ele havia sido um grande parceiro na prisão dos manifestantes, garantindo, inclusive, a realização dos exames de corpo de delito. Como eu ainda não havia conversado com ele sobre a situação na Polícia Civil, Robson me procurou na manhã do dia 13, um dia até então mais tranquilo, porque o risco de greve da PM havia sido descartado.

– Hoje é sexta-feira, e o senhor ainda não falou comigo. Eu queria saber se vou permanecer na equipe como chefe da Polícia Civil, se continuo no cargo...

Muito sério, olhei para ele:

– Robson, deixa eu te falar uma coisa... Você teve a minha confiança o tempo inteiro, porque a Polícia Civil teve um trabalho exemplar, mas recebi uns telefonemas te defendendo, pedindo que você seja mantido no cargo... e isso me deixou muito preocupado.

– O que houve, interventor? – ele respondeu, apreensivo.

– Robson, recebi uma ligação do presidente nacional do Psol [Partido Socialismo e Liberdade], o Juliano Medeiros... Robson, poxa vida, polícia do Psol,[6] Robson? Como eu posso confiar em polícia do Psol?!

Ele não sabia se ria ou se me levava a sério, até que comecei a rir também.

– Fica tranquilo, Robson. Vai tocar seu trabalho. Você fica no cargo.

Depois desse breve respiro, segui para o Batalhão de Choque da PM, onde havia cerca de 12 homens e mulheres feridos. Alguns de seus relatos sobre os incidentes do dia 8 me marcaram, entre eles o de um sargento:

– Secretário, nós temos larga experiência em conter manifestações na Esplanada, a gente está acostumado a lidar com manifestantes, mas o que nós enfrentamos não foi uma manifestação comum. Nós enfrentamos profissionais, pessoas treinadas, preparadas, com equipamentos, com tática de combate, com noção de campo...

Essas palavras me confirmaram que havia militares ou paramilitares infiltrados entre os manifestantes.[7] Outro relato marcante foi o da soldado Marcela Pinno, que teve o capacete balístico afundado com uma barra de ferro e arrancado da cabeça.

– Eles iam me finalizar...

Quando estavam perto de matá-la, o primeiro-sargento Beroaldo José de Freitas Júnior, depois promovido a subtenente por ato de bravura, salvou-lhe a vida: "A Marcela, que tava à minha frente, foi atacada primeiro. Foi agredida violentamente, de uma forma que eu nunca tinha visto alguém atacar uma pessoa daquela forma. Principalmente uma mulher. O que a gente observava é que eles queriam estraçalhar ela. Pisavam no rosto dela, espancavam com barra de ferro na cabeça."[8] Quando Beroaldo tentou salvar a soldado Marcela, o capacete dele também foi afundado com a barra de ferro, o que o deixou apagado por alguns segundos.

Ao visitar e conversar com aqueles policiais feridos no 8 de janeiro, ficou claro para mim que os extremistas queriam ter em mãos o cadáver de um policial. Isso poderia desestabilizar as forças de segurança. A estratégia era transformar a manifestação em um gatilho para uma crise institucional ainda mais grave do que a que fora realmente provocada. Depois da visita, determinei ao comandante da Polícia Militar a abertura de duas comissões: uma para conceder a Medalha Cruz de Sangue aos 44 policiais militares feridos defendendo a democracia, e outra para avaliar a promoção por ato de bravura.[9]

A visita e a criação das comissões foram importantes, porque o meu grande desafio era, a um só tempo, assumir o comando e afastar os responsáveis pelo que havia acontecido. Eu tinha de fazer isso com vigor e equilíbrio, sem confundir a atitude de alguns com as ações da corporação, o que poderia causar um estrago de difícil reparação. A Polícia Militar do Distrito Federal é bicentenária, nasceu quando a Capital Federal era o Rio de Janeiro. Quando a capital foi transferida para Brasília, a polícia seguiu junto. Não podíamos jogar fora a sua credibilidade por causa da atitude de alguns.

A mensagem que procurei transmitir foi de punição para quem devia ser punido e de defesa de quem havia cumprido sua missão institucional. Mas as minhas iniciativas nesse sentido foram insuficientes para apaziguar a inconformidade provocada pela prisão de Fábio Augusto e os danos na imagem da tropa. Quando, dias depois, eu disse ao coronel Klepter Rosa que organizasse a solenidade de sua posse como novo comandante-geral da Polícia Militar do Distrito Federal ele se recusou:

– Interventor, eu não posso fazer a minha posse. Não posso estar feliz com a tropa triste, machucada. Se eu fizer uma cerimônia para comemorar a minha posse, vai ser uma agressão.

Quando falamos da tropa, estamos falando de cerca de 11 mil trabalhadores, homens e mulheres que tiveram lançada sobre as suas costas boa parte da responsabilidade por não terem impedido as invasões e depredações do

8 de janeiro. E quando essas pessoas voltavam para casa depois do trabalho, a mulher, o marido, os filhos, os amigos, os vizinhos perguntavam por que elas não haviam impedido toda aquela destruição, aquela violência. Há um peso simbólico e emocional nessa cobrança, porque a maioria dos brasileiros foi contra as invasões, conforme comprovariam as pesquisas de opinião. A primeira, realizada ainda no início de 2023, apontou que 94% dos entrevistados desaprovavam as invasões e os atos de vandalismo em Brasília.[10] Um ano depois, em nova pesquisa, a desaprovação foi de 89%.[11]

Pode-se votar em quem quiser, pois esse é um direito de cada cidadão e ninguém deve interferir nisso. Mas quando se destrói o patrimônio público, quando se desestabiliza o país, a história é outra. Além de a falha recair sobre a tropa como um todo, ainda havia o fato de alguns terem sido afastados, exonerados ou presos, pessoas que apenas dias antes eram uma referência para os homens e mulheres da PMDF, comprometidos com o dever de garantir a segurança na capital do país.

Para evitar novas feridas nos integrantes da corporação, criei um mantra que repeti todas as vezes que a imprensa me questionava sobre a PMDF:

– Tenho plena confiança na Polícia Militar do Distrito Federal. Quem errou vai ser responsabilizado. Não podemos confundir a atitude de alguns com uma polícia que tem dois séculos de serviços prestados à população brasileira, com honra, com dignidade, com trabalho exemplar.

E foi essa PMDF que, mais uma vez, teve de entrar em ação no final do dia 13. Depois de uma semana sem tréguas, quando eu estava saindo da Secretaria, recebi uma ligação do chefe de gabinete, Thiago Costa:

– Interventor, acho melhor o senhor voltar.

– O que está havendo agora, Thiago?

– Tem a suspeita de um carro-bomba no estacionamento da Secretaria.

– Não é possível!

– Tem um carro abandonado aqui que ninguém identifica... Já chamamos o Esquadrão Antibombas...

CAPÍTULO XV

SEQUELAS EMOCIONAIS DE UM DIA SEM FIM

Sobre a mesa, à meia-luz, a imagem dourada de Cristo, que fora arrancada da parede e lançada entre os destroços. Ali, na pessoa da ministra Rosa Weber, personificando o próprio Supremo Tribunal Federal, senti as feridas da instituição, um dos pilares da nossa democracia.

Quando retornei à Secretaria de Segurança, vi que o pátio da frota fora cercado e que o Esquadrão Antibombas do Batalhão de Operações Especiais da PMDF já inspecionava uma caminhonete suspeita. Naquela hora, pensei em tudo: em um atentado, em terrorismo, em um plano para um novo ataque à capital do país. Estávamos todos no limite, ainda sob os efeitos do dia 8. Mas não era nada disso. Tratava-se apenas de um servidor que, indignado porque uma nova norma proibia que funcionários levassem o carro de serviço para casa no fim de semana, decidira abandonar sua caminhonete no primeiro estacionamento que encontrou. Segundo a responsável pela guarita, o sujeito estava muito irritado:

– Ele chegou aqui, xingou, saiu e largou o carro aí.

A perturbação foi tamanha que interferiu até no funeral da esposa do ministro do STF Luís Roberto Barroso, Tereza Barroso, realizado no sábado, dia 14. Tanto o secretário de Segurança do STF, Marcelo Schettini, quanto

Rogério Galloro, então assessor da ministra Rosa Weber, entraram em contato comigo e explicaram que a ministra estava apreensiva com a segurança do velório. Por isso uma operação foi montada com as polícias Militar, Civil e Federal, além de agentes do Detran.[1]

Chegamos ao absurdo de ter um velório escoltado por um aparato de segurança, pelo receio de que ocorressem agressões no momento da despedida a um ente querido. O ódio do extremismo sufocava até o ar que respirávamos.

A semana, enfim, terminou, mas o impacto daqueles dias terrivelmente estafantes sobre mim era evidente. Agora, quem demandava uma gestão de crise urgente era o meu corpo. Voltei para casa sem conseguir andar direito e passei o fim de semana tentando ajudar o organismo a, gradualmente, voltar à normalidade. A reação foi lenta. O corpo recebera infindáveis descargas de adrenalina, estresse ao máximo, sem trégua, durante muitos dias. Mas a vida prosseguia e minha família precisava encontrar um apartamento, porque a gente continuava em um airbnb e o prazo estava acabando.

Minha mulher e meu filho sentiam medo de sair de casa, de serem identificados e agredidos. Durante todo o período da intervenção, apaguei as referências a eles nas minhas mídias sociais, todas as fotos, todas as publicações com os meus filhos. Mas a gente não tinha opção e, naquele sábado, dia 14, conseguimos, finalmente, começar a procura de um lugar para morar.

Caminhando pelo Setor Sudoeste, vi dois homens sentados em frente a uma loja com uma bandeirinha do Brasil pendurada na porta. Percebi que me olhavam e não tive dúvida de que me reconheceram. Como eu teria uma reunião depois, vestia terno e gravata, o que era incomum numa manhã de sábado. Os dois mantiveram os olhos fixos em mim, acompanhando a nossa trajetória. Segurei firme a mão de minha esposa e continuamos andando, passando pela loja. Mantive o olhar fixo para a frente, sem olhar na direção deles. Um pouco adiante, percebi o quanto Elisabeth estava assustada. Mais tarde, ela descreveria aquele dia: "As pessoas estão vestidas de verde e amarelo [...]. Quando olham para o Ricardo, paraliso e penso: 'Nossa, acho que vão bater nele!' Então sugiro que ele vá na frente e que eu siga atrás, porque se alguém tentar agredi-lo eu grito, tento protegê-lo de alguma forma, jogar qualquer coisa. É muito tenso, porque não sabemos até onde o ser humano é capaz de ir. Ele me pede calma, mas estamos sem nenhum segurança. Sei que vou ao inferno e volto."

A dupla que nos observava não fez nem falou nada, mas a cena ilustra como a minha vida ficara tensa naqueles dias, mesmo em um sábado com a família. Elisabeth ficou tão tensa que desistiu de procurar o apartamento naquele dia. Depois de tomar uma água e respirar, tudo o que ela quis foi voltar para a segurança do airbnb.

O comportamento das pessoas nas ruas era um termômetro de como elas se sentiam em relação ao 8 de janeiro e às ações implementadas pela intervenção. Muitas falavam comigo e demonstravam apoio. Outras me olhavam sérias, em silêncio, certamente contrariadas com a minha atuação. Mas, como comentou Elisabeth, eu estava apenas cumprindo a minha obrigação: "Eu falo o tempo todo: 'Gente, é só um pai de família trabalhando, cumprindo o que lhe foi pedido.' Mantenho as cortinas do apartamento fechadas, com medo de alguém ver que é o Ricardo, o interventor. E essa tensão dura muito tempo. Saio bem pouco, com muito receio. As crianças também estão muito assustadas, com medo. É um período muito difícil."

Ao longo de toda a intervenção, sempre procurei tomar decisões técnicas, o mais distantes possível da polarização política que contaminava o país. Talvez por isso não tenha sido agredido ou atacado, apesar de alguns olhares claramente hostis.

A segunda-feira, dia 16, começou com a minha primeira reunião com o presidente Lula, com quem, até então, eu tivera pouca aproximação, a não ser em 1998, durante a campanha da chapa Lula-Brizola à Presidência. Na época, eu presidia a UNE e participei de vários comícios. Mas, de 1998 a 2023, haviam se passado 25 anos.

O objetivo do encontro, do qual participavam o ministro Flávio Dino, o diretor-geral da Polícia Federal, Andrei Rodrigues, o ministro da Defesa, José Múcio, e o chefe do Gabinete de Segurança Institucional, general G. Dias, era informar ao presidente as ações em andamento para enfrentar a crise de segurança no Distrito Federal.[2]

Quando fui apresentado ao presidente pelo ministro Flávio Dino, levei, de imediato, uma chamada, porque o presidente ainda estava irritado, e com toda a razão.

– Olha, presidente, esse aqui é o Cappelli, o interventor...

– Isso eu já sei. Vejo ele toda hora aí na televisão.

A comunicação tem dessas sutilezas. Cada um interpreta o que vê, ouve e lê segundo as próprias vivências, crenças ou expectativas. Concedi poucas entrevistas, no entanto, as imagens repetidas incessantemente nos canais de notícias e na internet criavam a percepção de que eu falava a toda hora com a imprensa. Depois desse início com ares de bronca, a reunião continuou e fui chamado a expor a minha avaliação sobre a situação das forças de segurança.

– Presidente, muita gente fica dizendo que todo mundo é bolsonarista. Na minha visão, isso não tem importância agora. O que importa neste momento não é quem votou em Bolsonaro ou em Lula, mas quem está ao lado da Constituição.

Em seguida, relatei o episódio com a coronel Mônica, quando me pediram que ela fosse exonerada, e expliquei por que decidira mantê-la. O presidente aprovou a minha condução:

– Você fez muito bem.

Quatro dias depois, em 20 de janeiro, o presidente se reuniria no Palácio do Planalto com o ministro da Defesa e os comandantes do Exército, da Marinha e da Aeronáutica, com o propósito de pacificar a relação do governo com os militares.[3]

Mas antes, ainda naquela segunda-feira, dia 16, a governadora em exercício do Distrito Federal, Celina Leão, decidiu reformar o Batalhão da PM que atuava na Esplanada. Juntos, a governadora, o presidente da Câmara dos Deputados, Arthur Lira, e eu visitamos o 6º BPM, responsável pela área que compreende o Congresso Nacional, o STF e o Palácio da Alvorada.[4] A decisão foi tomada no bojo do debate da criação ou não de uma Guarda Nacional.[5]

Apoiei a decisão da reforma do 6º BPM porque, independentemente de ser criada ou não a Guarda Nacional, era fundamental reforçar a segurança da Esplanada. Essa foi a primeira vez que apareci em um evento público ao lado de Celina Leão. Minha presença reforçava a linha que procurei seguir desde o primeiro dia da intervenção: não misturar crise de segurança com disputa política.

Embora eu tenha sido nomeado interventor federal exclusivamente na Segurança Pública, o decreto do presidente Lula me delegava plenos poderes, o que me permitia, por exemplo, publicar decisões no *Diário Oficial do GDF* sem autorização prévia. Mas, diante da transitoriedade da minha responsabilidade e de nossa meta de estabilização, teria sido insensato tomar decisões que, ao final da intervenção, pudessem ser desfeitas. Assim, todas as deliberações eram acordadas primeiramente com a governadora em exercício, que sempre fazia suas ponderações, mas deixava comigo a condução final.

Do início ao fim, a intervenção me exigiu uma combinação de equilíbrio e vigor. E as decisões eram intercaladas por momentos de reflexão, que me doíam e comoviam. Um desses momentos ocorreu no dia 17 de janeiro, durante audiência com a presidente do STF, a ministra Rosa Weber.[6] O encontro fora solicitado por mim para colocar à disposição da Corte a estrutura de segurança do DF, a fim de proporcionar um pouco mais de tranquilidade aos ministros.

A reunião foi realizada no Anexo II do prédio, pois a sede fora muito danificada durante os ataques de 8 de janeiro. Quando entrei na sala, a ministra estava à cabeceira da mesa, o semblante tenso, ainda abalada com as depredações que haviam chocado o país. Marcelo Schettini e Rogério Galloro me acompanhavam em silêncio sepulcral. Sobre a mesa, à meia-luz, a imagem dourada de Cristo, que fora arrancada da parede e lançada entre os destroços.[7] Ali, na pessoa da ministra Rosa Weber, representando o próprio Supremo Tribunal Federal, senti as feridas da instituição, um dos pilares da nossa democracia.

O STF foi o Poder atacado com mais violência. O sentimento contra a Suprema Corte foi estimulado durante todo o governo de Jair Bolsonaro. Nas inúmeras tentativas de afrontar a Constituição, emparedar a democracia e jogar suspeita sobre o processo eleitoral, o ex-presidente sempre esbarrou nos limites constitucionais definidos nas manifestações do STF. A barbárie contra a sua sede histórica não foi um acaso.

No mesmo dia, me reuni com Luís Roberto Barroso, porque, segundo soubera por mais de uma pessoa, o ministro do STF havia estranhado e criticado a minha indicação como interventor federal na Segurança do DF. Para mim, era completamente normal que ele desconfiasse da minha indicação. Por que eu, se, até então, eu nunca atuara na área de segurança? O objetivo do encontro foi mostrar o que estávamos fazendo, qual a minha perspectiva e como estávamos conduzindo a situação, que não envolvia apenas segurança pública *stricto sensu*, mas também uma gestão de crise que abrangia questões administrativas e um processo político delicado.

As duas visitas foram positivas e enriquecedoras. Em relação ao ministro Barroso, ao sair, senti que ele estava mais seguro. O Congresso Nacional já tinha aprovado a minha indicação como interventor federal,[8] então, considerando os Três Poderes, só faltava a aquiescência do Judiciário para fechar o círculo de apoio institucional ao trabalho desenvolvido durante a intervenção.

Realizei outra visita ao STF no dia 23, quando, durante uma hora e meia, apresentei ao ministro Alexandre de Moraes o balanço das ações.[9] Nós também não nos conhecíamos, mas ele foi muito aberto e sensível às informações que transmiti. Moraes já estava bem inteirado dos fatos, e a reunião foi uma oportunidade para a troca de dados e de impressões sobre tudo o que havia ocorrido até ali. O ministro perguntou quando eu entregaria o meu relatório, que seria peça central no processo de investigação dos acontecimentos do dia 8.

Também informei que a intervenção não seria prorrogada. Essa questão fora discutida no âmbito do governo e, devido às ponderações do ministro Flávio Dino, o presidente Lula havia decidido pela finalização no dia 31 de janeiro, como estabelecido desde o princípio. Isso porque a intervenção federal abrangia a Segurança Pública do DF como um todo, e não apenas nas áreas da Esplanada e das instalações governamentais. Incluía toda e qualquer violação da ordem pública. Se a intervenção fosse mantida por muito tempo haveria o risco de casos comuns como, por exemplo, uma briga de bar, irem parar na "mesa" do ministro da Justiça, ou até do presidente da República, e essa não era a nossa missão central.

Alguns argumentaram que a intervenção federal deveria se estender enquanto durasse o afastamento do governador Ibaneis Rocha. E aqui abro um parêntese: gestão de crise é como apagar o incêndio em um prédio em chamas e retirar com vida todas as pessoas. Uma vez controladas as chamas e retiradas as pessoas, encerra-se a missão dos bombeiros. Se eles resolverem assumir a recuperação e a administração do prédio, é grande o risco de dar errado. Crise é UTI, exige um intensivista. Não é consulta eletiva.

Com a decisão de concluir a intervenção, a pergunta que ficava era: quem assumiria a Segurança Pública do Distrito Federal após 31 de janeiro? Passamos a nos reunir, a governadora em exercício, o ministro Flávio Dino e eu, para conversar sobre o tema, mas, seguindo o posicionamento do governo federal, não indicamos ninguém.

Fizemos apenas recomendações sobre o perfil de quem deveria ser o secretário, preferencialmente alguém com trânsito e interlocução com o governo federal. Após analisar as opções, Celina Leão chegou ao nome do delegado da Polícia Federal Sandro Avelar, e o anúncio da nomeação foi feito em 25 de janeiro. Compareci à coletiva de imprensa no Palácio do Buriti, pois a governadora em exercício desejava sinalizar publicamente que aquela era, sim, uma transição tranquila.

Agora, o passo seguinte seria finalizar o relatório sobre a intervenção, mas, ainda no dia 25, a poucos dias da entrega do cargo, quando tudo parecia estar se acalmando, uma reportagem no *Jornal Nacional*, da TV Globo, complicaria a situação.[10] O telejornal exibiu um vídeo do dia 8 de janeiro, com imagens registradas pelo circuito interno do STF e por drones, divulgado pela Corte naquele dia. As cenas mostravam veículos da Polícia Militar protegendo o Supremo Tribunal Federal até a chegada de outro carro da PM, do qual alguém saltou, deu uma ordem e, em seguida, todos os demais carros da polícia abandonaram o posto. No instante seguinte, os manifestantes invadiram a sede da Corte e promoveram a destruição de boa parte das instalações.

Aquele vídeo era capaz de provocar um retrocesso em toda a estabilidade construída, porque o entendimento da maioria, vendo as cenas, era de que ali tinha havido uma sabotagem explícita por parte da Polícia Militar. Quando assisti, percebi que a situação era gravíssima.

CAPÍTULO XVI

Isenção, o tênue fio que separa o justo do injusto

Não podemos delegar "Deus, Pátria e Família" ao extremismo. Por que entregar de bandeja esses valores, tão caros ao povo brasileiro, nas mãos da extrema direita? Os brasileiros democratas são contra Deus, a pátria e a família?

No dia seguinte pela manhã, quinta-feira, 26 de janeiro, chamei o comandante da Polícia Militar do Distrito Federal, Klepter Rosa, para falar sobre o vídeo. Perguntei se ele sabia quem era a pessoa que, do carro, transmitira a ordem para os outros veículos da PM saírem da posição em que se encontravam, na defesa do prédio do STF. Tratava-se do major Flávio Silvestre.[1] Pedi a Klepter que o chamasse para que eu pudesse ouvir o que ele tinha a dizer sobre aquela ordem, até porque o ministro Alexandre de Moraes havia pedido mais informações sobre a cena.

Segundo afirmou o major Flávio, no dia 8 ele recebeu uma ligação do ajudante de ordens do então comandante da PMDF, coronel Fábio Augusto, dando conta de que o coronel estava sendo atacado na chapelaria do Congresso Nacional, estava sangrando e precisava de reforço imediato. Por isso o major Flávio fora de carro até a guarda posicionada diante do Supremo, em busca de reforço.

Ou seja, o que havia causado a debandada dos carros da PM da frente do Supremo fora uma ordem de um superior, e isso, em uma instituição que cultua a hierarquia e a disciplina, era irrevogável. Se a missão era socorrer o coronel Fábio Augusto, o major não hesitou: desceu do carro e convocou os policiais que guardavam o Supremo, que, então, saíram com os veículos e seguiram para a chapelaria do Congresso, a fim de proteger o comandante.

Depois, pedi ao Klepter que levasse até mim o ajudante de ordens que havia transmitido o comando ao major Flávio Silvestre. Ele se apresentou cerca de 20 minutos depois com um tímpano perfurado, porque era um dos 44 policiais feridos no dia 8. O relato do major foi ratificado por ele, mas, para confirmar toda a sequência de eventos, fui em busca das imagens daquela tarde. Eram horas e horas de filmagens oriundas de dezenas de câmeras, e assistir àquele material todo demandou gente e muito trabalho, mas o objetivo foi alcançado.

Os carros, de fato, saíram da frente do STF e deram a volta por trás do Palácio do Planalto. Por fim, eles entraram na chapelaria, onde foram parados. Em seguida, os policiais militares saltaram e entraram no Congresso Nacional para proteger o comandante Fábio Augusto, que, naquele momento, ferido e sangrando, se encontrava no Salão Verde da Câmara dos Deputados. Depois de assistir a todas essas cenas, concluí que a narrativa de Flávio Silvestre e do ajudante de ordens era verídica.

Podemos discutir se a ordem de retirada da frente do

Supremo foi acertada ou equivocada, se foi um ato instintivo de um ajudante de ordens para proteger o seu comandante, ou se foi um ato conspiracionista para liberar a proteção do prédio da Corte, mas não havia como dizer que o relato do major era forjado. É fácil concluir que houve inúmeras falhas naquela tarde, porque, na hora em que o comando foi dado, as linhas de contenção dos invasores já haviam sido rompidas e não havia mais organização. Foi um movimento operacional desastrado. Talvez o ajudante de ordens não soubesse a posição do major quando falou com ele por telefone. Talvez o major devesse ter dito que estava em um ponto estratégico e que, se saísse, o Supremo seria invadido.

Fato é que, no meio desse enredo, virei investigador, porque não podia agir por impulso, impensadamente, nem tampouco no calor da pressão da opinião pública. A retirada dos veículos e dos soldados que defendiam o Supremo era o tema da hora, as emoções vinham à tona e só se falava disso no país. Houve um julgamento instintivo, um linchamento público de todos os que participaram da sequência de acontecimentos. Na visão apressada, a PM havia abandonado o posto de propósito, mas teria sido leviano da minha parte raciocinar da mesma forma, sem parar para pensar e sem investigar. Investigar não era propriamente o papel do interventor, mas, diante dos fatos, tornava-se necessário.

Situações como essa ocorreram várias vezes ao longo do processo da intervenção. Havia sempre alguém nos puxando para um lado ou para o outro, com a intenção de encontrar culpados e os crucificar sem reflexão, sem análise. Tentei ser o mais justo possível, mas definir qual seria a ação mais justa era, frequentemente, bastante difícil no calor da crise. Como ser isento? A melhor escolha, concluí, era deixar os fatos falarem, e mesmo assim havia riscos. Estávamos sempre no limiar.

Essa linha tênue e a dúvida entre qual ação implementar e qual evitar estiveram presentes até mesmo na cerimônia de formatura do 9º Curso de Formação de Praças da Polícia Militar do Distrito Federal, na noite de 26 de janeiro, para a qual fui convidado.[2] Mais uma vez, refleti detidamente antes de aceitar o convite, porque, por mais que o clima na tropa estivesse um pouco mais ameno, ainda havia alguma hostilidade, uma vez que não houvera tempo suficiente para que a PMDF reparasse os danos à sua imagem.

Ao todo, 319 praças estariam no Ginásio Nilson Nelson ao lado de seus familiares e diante dos comandantes da PMDF e do Corpo de Bombeiros. Não comparecer poderia, por um lado, transmitir a ideia de que eu estava me esquivando em um momento muito significativo para os formandos, suas famílias e a corporação. Por outro lado, comparecer poderia significar ir ao encontro de uma reação negativa, de questionamento da intervenção em um ambiente público.

Optei por comparecer e cheguei mais cedo para sentir o ambiente, que me impressionou. Pais, mães, primos, tios, avós, irmãos estavam presentes. As mulheres, de vestido longo e salto alto, em uma verdadeira cerimônia de gala, se acomodavam em um ginásio com as arquibancadas lotadas, enquanto os formandos e as formandas se postavam na quadra. Uma bandeira do Brasil gigantesca estava aberta. A formatura dos filhos e filhas como cabos e soldados da Polícia Militar era uma passagem, uma ocasião de muito orgulho que podia mudar a história de uma família.

A cerimônia se desenrolou com discursos de várias autoridades e a entrega de premiações para os melhores alunos, até que chegou a minha vez de condecorar um deles, um menino que, muito sério, cantou o Hino da PM e chorou com o corpo todo. Quando fui chamado para falar, não fui recebido com vaias, mas percebi uma certa inquietação, não apenas por parte do público, mas também das autoridades.

Falei de improviso, mas eu tinha clareza do que queria transmitir, me apoiando nos símbolos, signos e valores da própria Polícia Militar. De início, agradeci às famílias que emprestaram o que tinham de mais valioso, que são os seus filhos e filhas, à sociedade do Distrito Federal. Esses jovens, continuei, iriam defender as nossas famílias, a minha filha e o meu filho quando eles fossem à escola. Disse que, muitas vezes, nós olhamos para a polícia e nos esquecemos de que, por trás da farda, existe um ser humano com sua família e sua história, existe um trabalhador ou uma trabalhadora.

Em um segundo momento, valorizei a Polícia Militar:
– As pessoas erram porque são falíveis. Infalível, só

Deus. E cabe às instituições corrigir as falhas das pessoas. Apesar de alguns errarem, isso não macula o trabalho da instituição, porque quem constrói a instituição são vocês que estão aqui. Vocês são a Polícia Militar, uma instituição que tem compromisso com o Brasil. Aquela bandeira é a nossa bandeira, é a bandeira de todos nós, do Brasil que une a todos.

Citei a família, Deus e a instituição e desejei-lhes boa sorte. Depois, mencionei uma frase do general do Exército Peri Constant Bevilacqua:[3] "Quando a política entra no quartel por uma porta, a disciplina sai pela outra." Recebi aplausos sem nenhuma empolgação, os mesmos aplausos "oficiais" dirigidos às autoridades, mas senti que os ânimos arrefeceram e que, talvez, eu tivesse acabado de ganhar o respeito de parte do público. Esse havia sido o meu principal objetivo ali, porque qualquer palavra fora do lugar poderia ter ferido suscetibilidades e gerado ruídos.

Tal posicionamento me pareceu fundamental porque muitos entre os cidadãos e os partidos comprometidos com a democracia viviam uma relação de desconfiança mútua para com as polícias e as instituições militares. Depois dessa experiência, passei a dizer que todos deveriam ir a uma formatura de praças da PM para lançar outro olhar sobre esses profissionais. Mais de 90% dos 319 meninos e meninas presentes no Ginásio Nilson Nelson eram pretos e pardos da periferia do Distrito Federal. Por que, então, dissociar a pessoa dentro da farda de um trabalhador que escolhe essa profissão para melhorar a própria situação e a da família, colocando a vida em risco para defender a população? Os motivos são diversos, inclusive históricos, e exigem reflexão.

Quem discursa em defesa dos mais pobres, dos esquecidos, precisa ver que a polícia é feita, em grande parte, de cidadãos e cidadãs negros, oriundos da periferia, vindos das comunidades carentes, e precisa tentar entender a natureza da dinâmica que, às vezes, opõe os democratas à polícia. É preciso trazer esses brasileiros para mais perto, compreender seus anseios, medos e desafios.

Não podemos delegar "Deus, Pátria e Família" ao extremismo. Por que entregar de bandeja esses valores, tão caros ao povo brasileiro, nas mãos da extrema direita? Os brasileiros democratas são contra Deus, a pátria e a família? Os integrantes das forças policiais representam uma ameaça à democracia?

Os democratas precisam entender as raízes desse distanciamento das instituições que cuidam da segurança pública. Nas diversas solenidades da polícia das quais participei nos 23 dias de intervenção, com raras exceções, eu estava só, ao lado de representantes da direita ou da extrema direita. Por que essa ausência?

Quando comecei no Ministério da Justiça, no dia 2 de janeiro, examinei o orçamento da pasta. Havia mais de R$ 1 bilhão de restos a pagar referentes a emendas parlamentares de 2022, e 95% delas provinham de parlamentares da direita ou da extrema direita. Eram valores destinados a equipar a Polícia Militar, o Corpo de Bombeiros e a Polícia Civil. Não é difícil entender por que a maioria dos integrantes das forças policiais ignora a esquerda na hora de votar. É mais do que uma questão ideológica. Quem ouve as demandas do setor e envia dinheiro para comprar capacete, viatura, helicóptero? Quem cuida da corporação? É vital lembrar que as polícias são formadas por trabalhadores que necessitam receber atenção e ser valorizados.

Comparecer à formatura dos praças ampliou o meu horizonte sobre o que é a Polícia Militar e me permitiu abandonar o reducionismo e o maniqueísmo que empobrecem a nossa relação com as instituições. A cerimônia foi um de meus últimos atos como interventor federal porque, no dia seguinte, dia 27, entreguei o relatório final e concedi a entrevista de encerramento.[4]

Durante a coletiva, além da imprensa nacional, sentaram-se à minha frente, na primeira fila, vários integrantes da Secretaria de Segurança Pública do Distrito Federal e das polícias, olhos fixos em mim, intranquilos, porque, apesar de terem o relatório em mãos, o nome de qualquer um deles poderia ser citado em alguma pergunta de jornalista.

CAPÍTULO XVII

A marca de um dia na História

"Cappelli, eu queria te pedir outra ajuda. O G. Dias acabou de pedir demissão. Estou viajando agora à noite e o GSI não pode ficar sem ninguém. Eu queria te pedir que assumisse interinamente até eu voltar."

Ainda que o meu relatório sobre a intervenção não fosse o resultado de um inquérito policial, e sim um texto estritamente factual que será peça de um processo e de investigações em andamento, havia muita expectativa em torno de sua entrega ao Supremo Tribunal Federal e sua divulgação. Quando comecei a elaborá-lo, chamei pessoas centrais da equipe da Secretaria de Segurança Pública do Distrito Federal, entre elas o secretário-executivo da Secretaria, delegado Milton Neves, a assessora de imprensa Débora Cademartori e o chefe de gabinete da Secretaria, Thiago Costa, e expliquei como deveria ser a sua construção. A meta era produzir um material técnico-factual baseado em informações e documentos.

A primeira versão, no entanto, veio carregada de avaliações e análises políticas sobre os acontecimentos. A tarefa seguinte foi limpar o texto, deixando-o o mais técnico possível, o que fiz com a ajuda de Débora. A preparação foi cercada de inquietudes, porque havia integrantes da tropa e mesmo da Secretaria que poderiam ser citados, e o Brasil inteiro aguardava a leitura do trabalho. Mencionar uma pessoa indevidamente poderia marcar a sua carreira de forma negativa ou gerar consequências ainda mais desastrosas. A responsabilidade que recaía sobre nós exigia acuidade e cautela.

Mas a opção por um relatório estritamente técnico não foi um consenso e tivemos, o delegado Milton Neves e eu, debates interessantes e enriquecedores sobre a questão. Ele raciocinava em termos de inquérito policial, considerando os indícios, enquanto o nosso objetivo não era investigar, o que cabia à Polícia Federal, que, aliás, estava cumprindo o seu papel. A nossa meta era apurar, registrar e tornar públicos os fatos sem suscitar hipóteses. Eu tinha absoluta clareza disso.

O espaço em que emitia e emito a minha opinião política está circunscrito às minhas redes sociais. Uma coluna publicada pelo site O Antagonista ilustrou um pouco esse meu posicionamento: "[...] há o Cappelli político, do Twitter e das entrevistas, e o Cappelli técnico, dos autos", enquanto "o primeiro sustenta publicamente a narrativa da frente de esquerda que pretende usar o vandalismo do 8 de janeiro para criminalizar qualquer oposição, o segundo respeita o *in dubio pro reo* e age de forma cautelosa na missão de 'analisar e esclarecer as ações de segurança pública antes, durante e após a eclosão dos atos de vandalismo e de ataques à democracia'."[1]

Era fundamental separar quem sou de quem estou,

deixando cada personagem no seu lugar. O reconhecimento da minha atuação por um veículo de comunicação que faz oposição ao atual governo me deu a certeza de ter alcançado o meu propósito. O relatório não poderia ser foco de instabilidade, sua função era fechar um ciclo. A partir daí, caberia à Polícia Federal, ao Ministério Público e à Justiça encontrar, indiciar e punir os culpados.

A tomada de decisão em um ambiente de crise foi um desafio permanente. Eu precisava ter equilíbrio, firmeza e senso de justiça, sem perder de vista o objetivo estratégico: cumprir a missão, e não gerar novas crises e instabilidades. O caso da nomeação do coronel Klepter Rosa como comandante interino da PMDF, após a saída do coronel Fábio Augusto Vieira, foi ilustrativo. A escolha de Klepter foi muito questionada quando, alguns meses depois, ele foi preso por suposto envolvimento no 8 de janeiro. Mas, se eu pudesse voltar no tempo, em situação idêntica, ou seja, com o mesmo conhecimento que eu tinha na época, eu o nomearia novamente, porque ele contava com o respeito da tropa, tinha autoridade e era disso que eu precisava. Além do mais, a minha missão era gerir e controlar a situação, e não investigar. Quando assumi, não conhecia ninguém e, do início ao fim da intervenção, Klepter manteve uma postura exemplar comigo, foi extremamente leal. O suposto envolvimento dele no 8 de janeiro viria à tona depois, com as investigações.

Essa compreensão foi essencial para a equipe de trabalho que elaborou o relatório, uma equipe composta por pessoas com formações distintas. Portanto, era normal haver divergências, normal e enriquecedor. Mas era necessário unificar os pontos de vista para se chegar a um denominador comum, o que não foi simples. Permanecemos cerca de duas semanas trabalhando no documento, passando e repassando ponto por ponto, ajustando palavra por palavra em um exercício de lapidação. Depois de termos lido e relido o texto incontáveis vezes, chegou a hora da entrega e da entrevista coletiva, que ocorreu no Centro Integrado de Operações de Brasília (Ciob), em 27 de janeiro.

Ao deixar a Secretaria e seguir para o auditório do Ciob, me assustei com a quantidade de repórteres e câmeras, mesmo antes de ingressar no local. Quando entrei, foi como se o Brasil inteiro estivesse diante de mim, através das lentes e dos relatos da imprensa. Mas não me ative a isso porque estava muito concentrado. A pressão era descomunal, tanto que até os meus tiques viraram notícia, ações involuntárias de um corpo e de uma mente esgotados.

A coletiva foi penosa para mim, porque, além da imprensa, sentaram-se à minha frente, na primeira fila, toda a Secretaria de Segurança Pública do DF, os comandantes da Polícia Militar e do Corpo de Bombeiros, o delegado da Polícia Civil e os subsecretários... Eles tinham o relatório em mãos, mas temiam ser citados por algum jornalista em perguntas que eu teria de responder ao vivo. Senti a aflição de cada um, os semblantes apreensivos.

Segui o roteiro preparado para a coletiva. Ao meu lado, estava o secretário Sandro Avelar, nomeado para me substituir, a quem convidei para estar comigo em momentos como aquele desde que seu nome fora anunciado, dois dias antes, reforçando a mensagem de uma transição tranquila. A maior parte dos jornalistas queria saber do andamento das investigações e a minha resposta era sempre igual:

– Olha, tem inquéritos abertos na Corregedoria da Polícia Militar. Tenho plena confiança na Corregedoria. Tenho plena confiança no delegado Sandro Avelar e que ele dará seguimento às investigações em curso.

– Então você está absolvendo o Fábio Augusto?

– Não. Eu não estou nem absolvendo nem condenando. Estou relatando o que encontrei. Eu vi imagens dele lutando, defendendo o Supremo, defendendo o Congresso Nacional. Agora, é óbvio que, como comandante da PM, para acontecer o que aconteceu é porque ele perdeu o controle da tropa. É isso que registro no relatório. Mas não encontrei, até aqui, indícios dele conspirando e não percebi nenhuma atitude de conspiração da parte dele em relação ao dia 8. Encontrei no dia 8 um homem atordoado, que tinha perdido o comando. A partir de agora é com a Polícia Federal.

Quando saí da coletiva e voltei para a Secretaria, muitas pessoas estavam emocionadas, entre elas a coronel Cintia Queiroz, subsecretária de Operações Integradas da SSP-DF, que me abraçou e chorou, pois era muito amiga do coronel. Diante da dramaticidade dos fatos, não podíamos perder de vista o fator humano, o que tem sido tão comum, principalmente nas redes sociais – o que nos tornamos, a quem e a quê nos igualamos?

Ainda restava organizar a segurança da final da Supercopa do Brasil entre Flamengo e Palmeiras, no Estádio Mané Garrincha, no dia 28. O primeiro passo foi nos reunirmos com as torcidas organizadas e o Ministério Público, que tinha a lista dos integrantes de cada uma. Depois, montamos uma operação de segurança que começaria com a Polícia Rodoviária Federal escoltando os ônibus das torcidas desde sua entrada no Distrito Federal. No dia do jogo, o acesso do público foi feito pelos extremos do estádio: os torcedores do Flamengo entraram pela ala norte; os do Palmeiras, pela ala sul. Todos passaram por revista de unidades especializadas da PMDF e da Força Nacional.[2]

No estádio, palmeirenses e flamenguistas foram separados por dois bolsões de 20 metros de comprimento cada, compostos por gradis fixos de cerca de três metros de altura. Qualquer incidente poderia pôr abaixo todo o trabalho preparatório realizado ao longo de dias, mas, felizmente, o Brasil assistiu ao clima esquentar apenas em campo, com uma partida eletrizante, cheia de gols, e com a festa das torcidas, o único espetáculo que o país realmente merece.

E foi assim que me despedi do trabalho como interventor federal na Segurança Pública do DF, uma experiência única, em que me senti como aqueles mergulhadores de águas profundas que descem 300 metros ou mais, sob o risco de não voltarem com vida. Foram tantas as responsabilidades e os aprendizados que foi impossível sair incólume.

No dia 8 de janeiro, assumimos um avião lotado de passageiros, avariado e em queda. Tínhamos de pousar a aeronave da forma mais suave possível, com todos vivos. Fizemos isso com o respaldo fundamental de homens e mulheres valorosos, civis e militares, que me apoiaram sem vacilar durante os 23 dias mais longos da minha vida.

Fiquei marcado por uma data. Aonde quer que eu vá, eu sou "o cara do dia 8", as pessoas perguntam, querem saber detalhes do que aconteceu. Também me abordam na rua, na padaria, no supermercado, na farmácia, para me agradecer pelo trabalho em defesa da democracia. Essas marcas ficaram, bem como o sentimento de ter cumprido a missão que me foi repassada. Só posso agradecer pela confiança depositada em mim, primeiramente pelo então ministro da Justiça, Flávio Dino; depois, pelo presidente da República, Luiz Inácio Lula da Silva, que assumiu o risco de confiar em um desconhecido.

A História nunca está pronta. Quando o general Olímpio Mourão Filho desceu de Juiz de Fora na noite de 31 de março para o dia 1º de abril de 1964,[3] ele pensava tomar o poder, mas, com certeza, seu plano não era perfeito. Caso alguém lhe tivesse bloqueado o caminho, caso alguém tivesse enfrentado o general, os rumos poderiam ter sido outros. Tanto no dia 8 de janeiro de 2023 quanto no decorrer da intervenção, as instituições democráticas e o governo que acabara de ser eleito conseguiram tomar a História pelas mãos. As pessoas podem mudar o curso dos acontecimentos, desde que assumam responsabilidades.

EPÍLOGO

Em *O andar do bêbado: Como o acaso determina nossas vidas*, o físico americano Leonard Mlodinow fala sobre o aleatório, o acaso, que está muito mais presente em nossa vida do que pensamos e do que gostaríamos.[1] Nunca imaginei estar em Brasília como secretário-executivo do Ministério da Justiça, nem como interventor federal na Segurança Pública do DF, muito menos como secretário-executivo e ministro interino do Gabinete de Segurança Institucional.

O impacto do dia 8 foi tão intenso que, com a força irresistível do aleatório, contrariou uma norma da natureza e fez um raio cair duas vezes no mesmo lugar. Aquele 19 de abril foi um dia prosaico, como qualquer outro, até que o chefe do gabinete do presidente Lula, Marco Aurélio Santana Ribeiro, o Marcola, me ligou:

– Você está onde, Cappelli?

Naquele instante, estava no Ministério da Justiça, para onde havia retornado havia cerca de dois meses, reassumindo o meu cargo de secretário-executivo e começando, enfim, a tocar as atividades a mim originalmente destinadas.

– Você pode vir aqui no Planalto? O presidente quer falar com você.

O convite para ir ao palácio foi feito assim que o ministro do GSI, o general Gonçalves Dias, pediu exoneração. Segundo reportagem do UOL, "o pedido de demissão foi apresentado ao presidente Lula após a divulgação do vídeo que mostra o general interagindo com golpistas na invasão do Planalto – a gravação foi revelada hoje pela CNN. O general foi chamado nesta tarde [19 de abril de 2023] para uma reunião com Lula, na qual foi decidida a sua saída".[2]

Entrei na sala do presidente, que estava prestes a embarcar em uma viagem oficial a Portugal e à Espanha.

– Cappelli, eu queria te pedir outra ajuda. O G. Dias acabou de pedir demissão. Estou viajando agora à noite e o GSI não pode ficar sem ninguém. Eu queria te pedir que assumisse interinamente até eu voltar.

A notícia foi repassada aos jornalistas pelo ministro da Secretaria de Comunicação da Presidência da República, Paulo Pimenta, ainda no dia 19: "O presidente da República decidiu que, juntamente com o afastamento do general G. Dias, haverá também o afastamento do secretário-executivo do GSI e será nomeado interinamente como secretário-executivo do GSI, respondendo pelo GSI interinamente, o senhor Ricardo Cappelli."[3]

Permaneci no GSI por 15 dias, em mais uma "intervenção" complexa. O GSI é a antiga Casa Militar da Presidência. Todos os ministros que ocuparam o posto eram generais de quatro estrelas. Na galeria de fotos na parede da sede do GSI, vi as imagens dos ministros, junto com fotos de personagens dos livros de História, incluídos os ex-presidentes da República. Me dei conta de que fui o único civil na História a ocupar aquela cadeira e cheguei à conclusão de que um raio pode, sim, cair duas vezes no mesmo lugar.

NOTA DO EDITOR

Dos 2.172 presos em flagrante no dia 8 de janeiro, 775 receberam relaxamento do flagrante em virtude da idade e/ou de comorbidades, enquanto 1.397 flagrantes foram convertidos em prisões preventivas. Até o dia 10 de abril de 2025, data de fechamento deste texto, 898 réus haviam sido responsabilizados criminalmente, sendo 371 com condenações criminais a penas privativas de liberdade e 527 com aplicação de penas alternativas por terem realizado acordo de não persecução penal.[4]

Das 371 pessoas condenadas até esta data, 146 responderam por crimes simples (incitação e associação criminosa) e 225 por crimes graves (tentativa de abolição do Estado Democrático de Direito, golpe de Estado, dano qualificado, associação criminosa armada e deterioração de patrimônio tombado). As penas variam entre três e 17 anos e seis meses de prisão.

No dia 26 de março de 2025, a Primeira Turma do Supremo Tribunal Federal aceitou a denúncia da Procuradoria-Geral da República (PGR) contra o ex-presidente Jair Bolsonaro e mais sete aliados por tentativa de golpe de Estado após as eleições de 2022. Os integrantes do denominado "núcleo crucial" da trama golpista, além do ex-presidente, são: o general de exército Walter Braga Netto, ex-ministro e vice-presidente de Bolsonaro na chapa das eleições de 2022; o general de exército Augusto

Heleno, ex-diretor da Agência Brasileira de Inteligência (Abin); Anderson Torres, ex-ministro de Segurança do Distrito Federal; o almirante de esquadra Almir Garnier, ex-comandante da Marinha; o general de exército Paulo Sérgio Nogueira, ex-ministro da Defesa; e o tenente-coronel do Exército Mauro Cid, ex-ajudante de ordens da Presidência.

Entre os fatos a serem apurados a partir da denúncia da PGR, está a relação entre os acontecimentos de 8 de janeiro de 2023 e a trama golpista.

Até a publicação deste livro, o julgamento dos oito réus do "núcleo crucial" não havia sido marcado.

10 de abril de 2025

AGRADECIMENTOS

Agradeço ao ministro Flávio Dino e ao presidente Lula. Sem a confiança dos dois eu jamais teria assumido a missão que me possibilitou escrever este livro. Não posso deixar de agradecer à jornalista Ana Vilela, que me ajudou a colocar no papel as minhas ideias. Foram vários dias de conversas gravadas e revisões. Sem o apoio de Bruno Trezena na organização da agenda, isso não teria sido possível. Agradeço ao jornalista Alon Feuerwerker, que me ajudou com suas observações sempre valiosas. Não posso me esquecer de Victor Palmeira, Débora Cademartori, Mônica Miranda, nem de todos os que me ajudaram com suas memórias. Agradeço a Patrícia Marins, por ter me indicado o caminho para a profissionalização do projeto. Meu agradecimento especial à equipe da Secretaria de Segurança Pública do Distrito Federal. Estendo os agradecimentos aos valorosos homens e mulheres da Polícia Militar, da Polícia Civil e do Corpo de Bombeiros Militar do DF pelo apoio que recebi. Procurei, nestas poucas páginas, ser justo com as pessoas e com as instituições. Agradeço ao editor Roberto Feith e à equipe do selo História Real, da Intrínseca, por suas contribuições para transformar o manuscrito num livro de leitura agradável.

Agradeço à minha esposa, Elisabeth Araújo, a meus filhos, Clara e Enrico, à minha mãe, Nina, e a meus irmãos, Rogério e Bianca. Todos foram pegos de surpresa e tiveram seus corações sacudidos. Sem o apoio deles teria sido muito mais difícil. Os eventuais erros e imprecisões são todos, obviamente, de minha responsabilidade.

Dedico este livro ao meu pai, Renato Bastos Cappelli, um brizolista falecido em 3 de março de 1989.

NOTAS

CAPÍTULO I: PRENÚNCIOS DO 8 DE JANEIRO

1. Instituto Nacional de Meteorologia (Inmet). Disponível em: <https://portal.inmet.gov.br/noticias/distrito-federal-completa-150-dias-sem-chuvas>. Acesso em: set. 2024.

2. CPMI: *Relatório Final da Comissão Parlamentar Mista de Inquérito dos Atos de 8 de Janeiro de 2023* (CPMI instituída pelo Requerimento Congresso Nacional nº 1/2023), Brasília, DF: out. 2023, p. 403. Disponível em: <chrome-extension://efaidnbmnnnibpcajpcglclefindmkaj/https://www12.senado.leg.br/noticias/arquivos/2023/10/17/relatorio-cpmi-versao-consolidada_231017_100010.pdf>. Acesso em: set. 2024.

3. Ibid., p. 421.

4. Ibid., p. 423.

5. "Bolsonaro chama Alexandre de Moraes de canalha em discurso na Avenida Paulista", UOL, canal do YouTube, 7 set. 2021. Disponível em: <https://www.youtube.com/@uol>. Acesso em: set. 2024.

6. "As ameaças de Bolsonaro em discurso a manifestantes no 7 de Setembro", 7 set. 2021; e "Bolsonaro ataca Judiciário e questiona eleições em discurso na Paulista", 7 set. 2021. BBC News Brasil, canal do YouTube. Disponível em: <https://www.youtube.com/user/bbcbrasil>. Acesso em: set. 2024.

7. CPMI, op. cit., p. 434.

8. Ibid., p. 435.

CAPÍTULO II: UM SILÊNCIO DE MIL PALAVRAS

1. CPMI, op. cit., p. 512.

2. Ibid., p. 516.

3. Ibid., p. 511.

4. Ibid., p. 512.

5. Ibid., p. 519.

6. Ibid., p. 520.

7. Ibid., p. 522.

8. O então presidente Jair Bolsonaro declarou, em uma reunião ministerial ocorrida em 22 de abril de 2020: "Nós queremos fazer cumprir o artigo 142 da Constituição. Todo mundo quer fazer cumprir o artigo 142 da Constituição. E, havendo necessidade, qualquer dos Poderes pode, né?, pedir às Forças Armadas que intervenham para restabelecer a ordem no Brasil." Disponível em: <https://valor.globo.com/eleicoes/noticia/2022/10/31/o-que-e-o-artigo-142--da-constituicao-e-por-que-ele-nao-da-as-forcas-armadas-poder-moderador.ghtml>. Acesso em: mar. 2025.

CAPÍTULO III: ACAMPAMENTO EM BRASÍLIA: DORMINDO COM O INIMIGO

1. Relatório do interventor: *Relatório sobre os fatos ocorridos no dia 8 de janeiro de 2023*, Gabinete do Interventor Federal, Secretaria de Estado de Segurança Pública, Brasília: Governo do Distrito Federal, 27 jan. 2023, pp. 21-22. Disponível em: <https://static.poder360.com.br/2023/01/1-RELATORIO-FINAL.pdf>. Acesso em: 24 mar. 2025.

2. "Bolsonaro abre o jogo e quebra o silêncio em discurso para apoiadores após derrota nas eleições", Itatiaia, canal do YouTube, 9 dez. Disponível em: <https://www.youtube.com/watch?v=AdQuqtzxSfs&t=5s>. Acesso em: set. 2024.

3. CPMI, op. cit., p. 543.

4. Relatório do interventor, op. cit., pp. 22-23.

5. CPMI, op. cit., p. 598.

6. Protocolo de Ações Integradas nº 188/2022.

7. Protocolo de Ações Integradas nº 215/2022.

8. "General confirma que Exército impediu o desmonte de acampamentos bolsonaristas por falta de ordem judicial", reportagem de Érica Christian, Rádio Senado, 14 set. 2023. Disponível em: <https://www12.senado.leg.br/radio/1/noticia/2023/09/14/general-confirma-que-exercito-impediu-o-desmonte-de-acampamentos-de-apoiadores-de-bolsonaro-por-falta-de-ordem--judicial>. Acesso em: out. 2024.

9. "Um militar da Marinha aparece em áudios e vídeos enviados em um grupo de mensagens incentivando os atos antidemocráticos em frente aos quartéis das Forças Armadas e afirmando que o presidente eleito Luiz Inácio Lula da Silva (PT) não tomará posse em 1º de janeiro. Nas mensagens, Ronaldo Ribeiro Travassos também defende o assassinato de brasileiros eleitores de

Lula. O militar, atualmente, está lotado no GSI (Gabinete de Segurança Institucional da Presidência da República), chefiado pelo general Augusto Heleno, um dos aliados mais fiéis de Jair Bolsonaro (PL)." Trecho de: "Militar do Planalto atua em atos antidemocráticos e diz que Lula não sobe a rampa", reportagem de Fabio Serapião, Marianna Holanda e Matheus Teixeira, *Folha de S.Paulo*, 29 nov. 2022. Disponível em: <https://www1.folha.uol.com.br/poder/2022/11/militar-do-planalto-atua-em-atos-antidemocraticos-e-diz-que-lula-nao-sobe-a-rampa.shtml>. Acesso em: set. 2024.

10. Pedro Fiori Arantes, Fernando Frias e Maria Luiza Meneses, *8/1: A rebelião dos manés: ou esquerda e direita nos espelhos de Brasília*, São Paulo: editora Hedra, mar. 2024.

11. Relatório do interventor, op. cit., pp.39-40.

12. CPMI, op. cit., p. 576.

CAPÍTULO IV: A "TRANQUILA" FALTA DE UM PLANO OPERACIONAL

1. "Da reunião, participaram os pontos focais da PMDF, PCDF, CBMDF, Detran, DER, Polícia Legislativa da Câmara, Polícia Legislativa do Senado, Polícia Judicial do STF, MRE e DF Legal. CPMI, op. cit., p. 630.

2. CPMI, op. cit., p. 630.

3. Ibid., p. 712.

4. Relatório do interventor, op. cit., p. 55.

5. Idem.

6. CPMI, op. cit., p. 631.

7. *8 de Janeiro: O dia que abalou o Brasil*. Documentário. BBC News Brasil, 2024. Disponível em: <https://www.youtube.com/watch?v=MxciQQRUMNk>. Acesso em: set. 2024.

8. *8/1: A democracia resiste*. Documentário. Direção: Julia Duailibi e Rafael Norton. GloboNews, 2024.

9. *8 de Janeiro: O dia que abalou o Brasil*, op. cit.

10. "Plano de segurança antes de ataque golpista citava reforço de efetivo e tropa de choque", reportagem de Cézar Feitoza, *Folha de S.Paulo*, 13 jan. 2023. Disponível em: <https://www1.folha.uol.com.br/poder/2023/01/plano-de-seguranca-antes-de-ato-golpista-citava-reforco-de-efetivo-e-tropa-de-choque.shtml>. Acesso em: set. 2024.

CAPÍTULO V: CONSPIRAÇÃO NÃO PASSA RECIBO

1. "Exclusivo. Em áudio, secretário em exercício da SSP-DF tranquiliza Ibaneis 1h antes da invasão: 'Tudo tranquilo, ordeiro e pacífico'", reportagem de Lilian Tahan e Isadora Teixeira, *Metrópoles*, 8-9 jan. 2023. Disponível em: <https://www.metropoles.com/colunas/grande-angular/exclusivo-em-audio-secretario-em-exercicio-da-ssp-df-tranquiliza-ibaneis-1h-antes-da-invasao-tudo-tranquilo-ordeiro-e-pacifico>. Acesso em: set. 2024.

2. CPMI, op. cit., p. 554.

3. Idem.

4. CPMI, op. cit., p. 555.

5. Idem.

6. CPMI, op. cit., p. 569.

7. Idem.

8. CPMI, op. cit., p. 574.

9. Relatório de Inteligência nº 06, 6 jan. 2023.

10. Relatório de Inteligência nº 06, 6 jan. 2023.

11. Relatório do interventor, op. cit., p. 57.

12. "Alertas do 8/1 foram enviados pelo WhatsApp, e Abin defende mecanismo", reportagem de Thaísa Oliveira e Cézar Feitoza, *Folha de S.Paulo*, 28 abr. 2023: "O relatório da Abin afirma que o grupo era composto por representantes do GSI, PF (Polícia Federal), PRF (Polícia Rodoviária Federal), DINT/SEOPI/MJSP (Diretoria de Inteligência da Secretaria de Operações Integradas do Ministério da Justiça), PM/DF (Polícia Militar do Distrito Federal), PC/DF (Polícia Civil do Distrito Federal) e SSI/DF (Subsecretaria de Inteligência da Secretaria de Segurança Pública do Distrito Federal)." Disponível em: <https://www1.folha.uol.com.br/poder/2023/04/alertas-do-81-foram-enviados-pelo-whatsapp-e-abin-defende-mecanismo.shtml>. Acesso em: set. 2024.

13. CPMI, op. cit., pp. 376, 644, 645, 706 e 756.

14. CPMI, op. cit., pp. 374-375, 376, 639, 644, 706 e 756.

CAPÍTULO VI: A SANHA DOS "PACÍFICOS" CONTRA UMA JOVEM DEMOCRACIA

1. CPMI, op. cit., p. 649.

2. Ibid., p. 651.

3. Idem.

4. Ibid., p. 653.

5. *8/1: A democracia resiste*, op. cit.

6. CPMI, op. cit., p. 660.

7. CPMI, ibid., 661.

8. "Terroristas invadiram Congresso com máscaras, capacetes e suprimentos", reportagem de Leonardo Martins e Igor Mello, UOL, 8 jan. 2023. Disponível em: <https://noticias.uol.com.br/politica/ultimas-noticias/2023/01/08/terroristas-invadiram-congresso-com-mascaras-capacetes-e-suprimentos.htm>. Acesso em: set. 2024.

9. CPMI, op. cit., p. 251.

10. "8 de janeiro: prejuízo do vandalismo é de R$ 24 milhões", reportagem de Evandro Éboli, *Correio Braziliense*, 7 jan. 2024. Disponível em: <https://www.correiobraziliense.com.br/politica/2024/01/6781552-8-de-janeiro-prejuizo-do-vandalismo-e-de-rs-24-milhoes.html>. Acesso em: set. 2024.

11. CPMI, op. cit., p. 677.

12. Relatório do interventor, op. cit., p. 56.

13. CPMI, op. cit., p. 678.

14. "Invasões em Brasília: presidente Lula fala sobre depredação de prédios dos Três Poderes", Ministério da Integração e do Desenvolvimento Regional, canal do YouTube. Disponível em: <https://www.youtube.com/watch?v=ZwZtv26zvm4>. Acesso em: out. 2024.

CAPÍTULO VII: A DIFÍCIL MISSÃO DE ORDENAR O CAOS

1. *8/1: A democracia resiste*, op. cit.

2. Idem.

3. Idem.

4. "Invasões em Brasília: presidente Lula fala sobre depredação de prédios dos Três Poderes", Ministério da Integração e do Desenvolvimento Regional, canal do YouTube, 8 jan. 2023. Disponível em: <https://www.youtube.com/watch?v=ZwZtv26zvm4>. Acesso em: out. 2024.

CAPÍTULO VIII: DA ESPLANADA AO SMU: SOB INTEMPÉRIES E CONFRONTOS VELADOS

1. CPMI, op. cit., p. 680.

2. Idem.

3. CPMI, op. cit., p. 681.

4. "Preso do 8/1: quem é Naime, que teria reformado casa com Pix de 'patriotas'", UOL, 23 jul. 2024. Disponível em: <https://noticias.uol.com.br/politica/ultimas-noticias/2024/07/23/preso-no-81-quem-e-coronel-naime.htm>. Acesso em: out. 2024.

5. "Após 461 dias preso, coronel Naime recebe liberdade provisória", reportagem de Alan Rios, *Metrópoles*, 13 mai 2024. Disponível em: <https://www.metropoles.com/distrito-federal/apos-461-dias-preso-coronel-naime-recebe-liberdade-provisoria>. Acesso em: out. 2024.

6. "O Eixo Monumental é uma longa avenida que se localiza no centro do Plano Piloto de Brasília, a capital do Brasil. Foi inaugurada com a cidade, no dia 21 de abril de 1960. Estende-se por 16 quilômetros, fazendo a ligação entre a antiga Rodoferroviária de Brasília, hoje ocupada por órgãos e secretarias distritais, no extremo oeste, e a Praça dos Três Poderes, no extremo leste, perto do Lago Paranoá." Disponível em: <https://pt.wikipedia.org/wiki/Eixo_Monumental>. Acesso em: out. 2024.

CAPÍTULO IX: AS AMEAÇAS QUE O BRASIL NÃO VIU

1. "Lula e ministros fazem vistoria no Planalto e STF", Poder 360, 9 jan. 2023. Disponível em: <https://www.poder360.com.br/governo/lula-e-ministros-fazem-vistoria-no-planalto-e-stf/>. Acesso em: out. 2024.

2. Edinho Silva, *Uma cidade na luta pela vida: Da pandemia ao 8 de janeiro*, São Paulo: Alere Editora, mar. 2024.

3. CPI dos Atos Antidemocráticos da Câmara Legislativa do Distrito Federal. Trecho do depoimento de Jorge Eduardo Naime retirado da "Ata circunstanciada da 4ª (quarta) reunião ordinária da CPI para investigar os atos ocorridos em 12 de dezembro de 2022 e 08 de janeiro de 2023, especialmente contra os Poderes da República Federativa do Brasil, de 16 de março de 2023", p. 30. Disponível em: <https://www.cl.df.gov.br/documents/5744614/26896214/Notas+Taquigr%C3%A1ficas+16-03-2023.pdf/f19af947-0c0c-0dc7-52c9-41e7c41edae0?version=1.0&t=1679490499344>. Acesso em: mar. 2025; e CPMI, op. cit., p. 683.

4. CPI, pp. 30-31; e CPMI, pp. 683-684, ainda nas palavras do coronel Jorge Eduardo Naime durante seu depoimento: "Nisso, o general Dutra chega. O general Dutra chega, começa uma discussão entre o dr. Cappelli e o general Dutra. O Cappelli dizendo que tinha ordem para poder entrar; o Dutra dizendo que ele não ia entrar, Cappelli dizendo que tinha ordem para poder entrar; o Dutra dizendo que ele não ia entrar, que ali era área do Exército, que ele não ia entrar lá. E o Cappelli insistindo que ia prender quem estava lá dentro, e o Dutra insistindo que não ia. Determinado momento, o Dutra pegou um telefone e ligou. Disseram que ele ligou para o presidente Lula. Não sei se foi, mas a informação que me chegou foi que o general Dutra falou com o presidente Lula. Nesse momento, o general Dutra – os ânimos exaltados entre Cappelli e Dutra –, o general Dutra convidou o Cappelli, o coronel Fábio e o coronel Klepter para uma reunião lá dentro do QG do Exército, a reunião de que eu não participei, né? Não participei."

CAPÍTULO X: ENTRE O QG E A SEDE DA PF, O ESTRANHO SUMIÇO DOS ÔNIBUS

1. Ibaneis Rocha, que só deveria retomar o posto de governador do Distrito Federal em 9 de abril, seria autorizado pelo próprio ministro Alexandre de Moraes a voltar ao cargo em 15 de março de 2023, portanto, em menos de 90 dias. Em sua decisão, e atendendo a pedido da Procuradoria-Geral da República, o ministro disse que a investigação do caso "não mostrava indícios de que Ibaneis estivesse impedindo o trabalho de apuração". Disponível em: <https://agenciabrasil.ebc.com.br/justica/noticia/2023-03/moraes-determina-retorno-de-ibaneis-ao-cargo-de-governador-do-df>. Acesso em: mar. 2025.

2. CPMI, op. cit., p. 687.

3. *Relatório do gabinete do ministro Alexandre de Moraes – 8 de janeiro*, Supremo Tribunal Federal, p. 3. Disponível em: <https://www.stf.jus.br/arquivo/cms/noticiaNoticiaStf/anexo/Relatorio8dejaneiro1ano.pdf>. Acesso em: out. 2024.

4. CPMI, op. cit., p. 691.

5. Idem.

6. "PM e Exército desocupam acampamento golpista no DF; 1.200 são presos, diz Ministério da Justiça", 9 jan. 2023, *Folha de S.Paulo*. Disponível em: <https://www1.folha.uol.com.br/poder/2023/01/pm-se-posiciona-perto-de-qg-no-df-bolsonaristas-deixam-o-local-outros-resistem.shtml>. Acesso em: out. 2024.

7. "Após ordem do STF, acampamentos golpistas são desmobilizados no país", *Folha de S.Paulo*, 9 jan. 2023. Disponível em: <https://www1.folha.uol.com.br/poder/2023/01/apos-ordem-do-stf-acampamentos-golpistas-sao-desmobilizados-no-pais.shtml>. Acesso em: out. 2024.

CAPÍTULO XI: A GUERRA DAS QUENTINHAS

1. CPMI, op. cit., p. 77.

2. CPMI, op. cit., pp. 79-80; W. D. Hamilton, "Geometry for the Selfish Herd", *Journal of Theoretical Biology*, 31(2), 1971, pp. 295-311; e Gustave Le Bon, *Psicologia das multidões*, São Paulo: Martins Fontes, 2019.

3. CPMI, op. cit., p. 80.

4. Idem.

5. "A quantidade de golpistas ainda presos pelos atos do 8 de janeiro, segundo o STF", reportagem de André Lucena, *Carta Capital*, 10 mar. 2023. Disponível em: <https://www.cartacapital.com.br/justica/a-quantidade-de-golpistas-ainda-presos-pelos-atos-do-8-de-janeiro-segundo-o-stf/>. Acesso em: out. 2024.

6. *Relatório do gabinete do ministro Alexandre de Moraes*, op. cit., p. 6.

7. "Três semanas após atos, secretário relata cotidiano de quase 1 mil golpistas que seguem presos no DF", reportagem de Paolla Serra, *O Globo*, 31 jan. 2023. Disponível em: <https://oglobo.globo.com/politica/noticia/2023/01/superlotacao-e-visitas-restritas-secretario-relata-cotidiano-de-quase-1-mil-golpistas-que-seguem-presos-no-df.ghtml>. Acesso em: out. 2024.

8. "Klepter Rosa é nomeado oficialmente comandante-geral da PMDF", Poder 360, 15 fev. 2023. Disponível em: <https://www.poder360.com.br/brasilia/klepter-rosa-e-nomeado-oficialmente-comandante-geral-da-pmdf/>. Acesso em: out. 2024.

9. CPMI, op. cit., p. 689: "Apenas no mês de janeiro, ocorreram cerca de 11 (onze) ataques às torres de transmissão de energia por vandalismo entre 8 e 24 de janeiro de 2023, em decorrência dos quais quatro torres foram derrubadas (3 em Rondônia e 1 no Paraná) e 16 foram danificadas (6 no Paraná, 3 em São Paulo, 6 em Rondônia, 1 em Mato Grosso)."

CAPÍTULO XII: QUANDO A COMUNICAÇÃO É A ARMA

1. "PF desmente morte de idosa em ginásio de golpistas presos; foto compartilhada por bolsonaristas é de banco de imagens", G1, 10 jan. 2023. Disponível em: <https://g1.globo.com/df/distrito-federal/noticia/2023/01/10/pf-nega-morte-de-idosa-entre-detidos-em-acampamento-bolsonarista-em-brasilia.ghtml>. Acesso em: ago. 2024.

2. "Após reunião, Lula e governadores vão a pé ao STF", CNN Brasil, 9 jan. 2023. Disponível em: <https://www.youtube.com/watch?v=75kbG3p7i8g>. Acesso em: out. 2024.

3. "8.1.2023 #democraciainabalada". Brasília: Supremo Tribunal Federal, Secretaria de Altos Estudos, Pesquisas e Gestão da Informação, ago. 2023. Disponível em: <https:/www.stf.jus.br/arquivo/cms/campanha/anexo/democraciainabalada/EBOOK_democracia_inabalada_28x28cm.pdf>. Acesso em: out. 2024.

4. "'Não haverá impunidade, e vamos até as últimas consequências', diz interventor na Segurança do DF", G1, *Jornal da Globo*, 10 jan. 2023. Disponível em: <https://g1.globo.com/jornal-da-globo/noticia/2023/01/10/nao-havera-impunidade-e-vamos-ate-as-ultimas-consequencias-diz-interventor-na-seguranca-do-df.ghtml>. Acesso em: out. 2024.

5. "'Não permitiremos interferências na ação da PF', diz diretor Andrei Rodrigues em posse", reportagem de Lucas Rocha, CNN Brasil, 10 jan. 2023. Disponível em: <https://www.cnnbrasil.com.br/politica/nao-permitiremos-interferencias-na-acao-da-pf-diz-diretor-andrei-rodrigues-em-posse/>. Acesso em: out. 2024.

6. CPMI, op. cit., pp. 492-493. Sobre a chamada "minuta do golpe": "Leia a íntegra da proposta de decreto encontrada pela PF na casa de ex-ministro de Bolsonaro", *Folha de S.Paulo*, 12 jan. 2023. Disponível em: <https://www1.folha.uol.com.br/poder/2023/01/leia-a-integra-da-proposta-de-decreto-encontrada-pela-pf-na-casa-de-ex-ministro-de-bolsonaro.shtml>. Acesso em: out. 2024.

7. "As reações à minuta achada na casa de Torres que decretaria estado de defesa no Brasil", BBC News Brasil, 13 jan. 2023: "Torres – que assumiu o cargo de secretário de Segurança Pública na primeira semana do ano – ainda está em viagem de férias aos Estados Unidos e disse que vai voltar ao Brasil esta semana, onde teve prisão decretada, acusado de omissão e conivência com os ataques em Brasília." Disponível em: <https://www.bbc.com/portuguese/brasil-64267515>. Acesso em: out. 2024.

8. A exoneração dos cargos gratificados envolveu 14 comandantes da área de Segurança e foi publicada em edição extra do *Diário Oficial* do DF ainda na noite de terça-feira, 10 de janeiro de 2023. Entre os exonerados estavam: o comandante do Pelotão de Choque, Gustavo Cunha de Souza; o comandante de Operações da PMDF, coronel Jorge Eduardo Naime; o secretário-executivo da SSP-DF, delegado Fernando de Souza Oliveira; a responsável pela área de Inteligência da SSP-DF, a delegada Marília Ferreira Alencar; além da formalização da exoneração do coronel Fábio Augusto Vieira. Ver: "Interventor exonera integrantes da cúpula da Segurança no DF", reportagem de Henrique Lessa, *Correio Braziliense*, 10 jan. 2023. Disponível em: <https://www.correiobraziliense.com.br/politica/2023/01/5065262-interventor-exonera-integrantes-da-cupula-da-seguranca-no-df.html>. Acesso em: out. 2024.

CAPÍTULO XIII: O JOGO SÓRDIDO DAS *FAKE NEWS*

1. "Governo detecta risco de novos atos, e Bolsonaro reassume discurso golpista", coluna de Natuza Neri, G1, 10 jan. 2023. Disponível em: <https://g1.globo.com/politica/blog/natuza-nery/post/2023/01/11/governo-detecta-risco-de-novos-atos-golpistas-e-pede-medidas-ao-stf.ghtml>. Acesso em: out. 2024.

2. Jessé Souza, *O pobre de direita: A vingança dos bastardos*, Rio de Janeiro: Civilização Brasileira, 2024.

3. "Agora há comando na polícia do DF, afirma Cappelli em coletiva", *Correio Braziliense*, 11 jan. 2023. Disponível em: <https://www.correiobraziliense.com.br/politica/2023/01/5065392-agora-ha-comando-da-policia-do-df-afirma-cappelli-em-coletiva.html>. Acesso em: out. 2024.

4. "PMs, helicóptero e Força Nacional são mobilizados no DF para ato com 3 manifestantes", reportagem de Ranier Bragon, Danielle Brant e Fábio Pescarini, *Folha de S.Paulo*, 11 jan. 2023. Disponível em: <https://www1.folha.uol.com.br/poder/2023/01/horario-de-ato-convocado-no-df-tem-zero-golpistas-e-policiamento-gigante-veja-video.shtml>. Acesso em: 20 mar. 2025.

CAPÍTULO XIV: FIRMEZA E EQUILÍBRIO

1. "STF determina prisão preventiva de ex-secretário de Segurança do DF e de ex-comandante-geral da PMDF", Supremo Tribunal Federal (STF), 10 jan. 2023. Disponível em: <https://portal.stf.jus.br/noticias/verNoticiaDetalhe.asp?idConteudo=500351&ori=1>. Acesso em: out. 2024.

2. Idem.

3. O coronel Fábio Augusto Vieira obteria liberdade provisória em fevereiro de 2023. Ver: "Ministro Alexandre de Moraes revoga prisão de ex-comandante-geral da PM-DF", Conjur, 3 fev. 2023. Disponível em: <https://www.conjur.com.br/2023-fev-03/alexandre-moraes-revoga-prisao-ex-comandante-geral-pm-df/>. Acesso em: 23 mar. 2025. Em agosto, o coronel seria novamente preso. Em 28 de março de 2024 ganharia liberdade, porém cumprindo medidas cautelares: "O oficial está solto por determinação do Supremo desde 28 de março [2024], mas cumpre algumas medidas cautelares, como a proibição de se ausentar do DF e o recolhimento domiciliar no período noturno e nos fins de semana." Trecho de reportagem de Pablo Giovanni, *Correio Braziliense*, 9 mai. 2024. Disponível em: <https://www.correiobraziliense.com.br/cidades-df/2024/05/6854085-ex-comandante-geral-pede-autorizacao-de-moraes-para-fazer-concurso.html>. Acesso em: out. 2024.

Depois foi novamente preso, em agosto de 2023, e solto em 28 de março de 2024, porém cumpre medidas cautelares: "O oficial está solto por determinação do Supremo desde 28 de março [2024], mas cumpre algumas medidas cautelares, como a proibição de se ausentar do DF e o recolhimento domiciliar no período noturno e nos fins de semana — um dos motivos para ter solicitado permissão a Moraes". *Correio Braziliense*. Disponível em: <https://www.correiobraziliense.com.br/cidades-df/2024/05/6854085-ex-comandante-geral-pede-autorizacao-de-moraes-para-fazer-concurso.html>. Acesso em: out. 2024.

4. Ação Penal nº 2.417, de autoria do Ministério Público Federal, protocolada em 26 de março de 2024. Relator: ministro Alexandre de Moraes (STF). Disponível em: <https://portal.stf.jus.br/processos/detalhe.asp?incidente=6885531>. Acesso em: 23 mar. 2025.

5. "44 PMs do DF ficaram feridos em ataque bolsonarista, diz interventor", reportagem de Alan Rios, *Metrópoles*, 13 jan. 2023. Disponível em: <https://www.metropoles.com/distrito-federal/44-pms-do-df-ficaram-feridos-em-ataque-bolsonarista-diz-interventor>. Acesso em: out. 2024.

6. Uma das bandeiras do Psol é exatamente a desmilitarização da Segurança Pública e o fim da Polícia Militar, entre outros posicionamentos relativos às polícias como um todo. Ver: <https://psol50sp.org.br/2013/09/desmilitarizacao-da-seguranca-publica/>. Acesso em: 24 mar. 2025.

7. "PMs feridos na invasão em Brasília afirmam que 'enfrentaram profissionais', diz interventor do DF", *O Estado de S. Paulo*, 16 jan. 2023. Disponível em:

<https://www.estadao.com.br/politica/interventor-federal-df-pm-ricardo-cappelli-governador-ibaneis-rocha-policia-militar/>. Acesso em: out. 2024.

8. "Governo do DF promove PMs por 'atos de bravura' para conter ataques golpistas em 8 de janeiro", reportagem de Laura Tizzo, G1, 9 mai. 2023. Disponível em: <https://g1.globo.com/df/distrito-federal/noticia/2023/05/09/governo-do-df-promove-pms-por-atos-de-bravura-para-conter-ataques-golpistas-em-8-de-janeiro.ghtml>. Acesso em: out. 2024.

9. "Interventor federal anuncia comissões para compensar policiais", Poder 360, 19 jan. 2023. Disponível em: <https://www.poder360.com.br/justica/interventor-federal-anuncia-comissoes-para-compensar-policiais/>. Acesso em: out. 2024.

10. "Pesquisa Quaest: 94% desaprovam invasões de 8 de janeiro", CNN Brasil, 15 fev. 2023. Disponível em: <https://www.cnnbrasil.com.br/politica/pesquisa-quaest-94-desaprovam-invasoes-de-8-de-janeiro/>. Acesso em: out. 2024.

11. "Pesquisa Quaest: 89% das pessoas entrevistadas reprovam os atos de 8 de janeiro", CNN Brasil, 7 jan. 2024. Disponível em: <https://www.cnnbrasil.com.br/politica/pesquisa-quaest-89-das-pessoas-entrevistadas-reprovam-os-atos-de-8-de-janeiro/>. Acesso em: out. 2024.

CAPÍTULO XV: SEQUELAS EMOCIONAIS DE UM DIA SEM FIM

1. "Rosa, Pacheco e Aras vão a enterro de mulher de Barroso", Poder 360, 14 jan. 2023. Disponível em: <https://www.poder360.com.br/brasil/weber-pacheco-e-aras-vao-ao-enterro-de-mulher-de-barroso/>. Acesso em: nov. 2024.

2. "Lula acerta encontro com Comando Militar nesta semana", Poder 360, 17 jan. 2023. Disponível em: <https://www.poder360.com.br/governo/lula-acerta-encontro-com-comando-militar-nesta-semana/>. Acesso em: out. 2024.

3. "Com o presidente da Fiesp, Lula se reúne hoje com chefes das Forças Armadas", reportagem de Tainá Farfan e Tiago Tortella, CNN Brasil, 20 jan. 2023. Disponível em: <https://www.cnnbrasil.com.br/politica/com-o-presidente-da-fiesp-lula-se-reune-hoje-com-chefes-das-forcas-armadas/>. Acesso em: out. 2024.

4. "Batalhão da PM na Esplanada será reformado e terá aumento de efetivo", reportagem de Thalys Alcântara e Rebeca Borges, *Metrópoles*, 16 jan. 2023. Disponível em: <https://www.metropoles.com/brasil/batalhao-da-pm-na-esplanada-sera-reformado-e-tera-aumento-de-efetivo>. Acesso em: out. 2024.

5. "Bancada do DF se une para Guarda Nacional não tirar recursos do FCDF", reportagem de Tainá Andrade, *Correio Braziliense*, 1º fev. 2023. Disponível em: <https://www.correiobraziliense.com.br/politica/2023/02/5070744-bancada-do-df-se-reune-para-que-guarda-nacional-nao-tire-recursos-do-fcdf.html>. Acesso em: nov. 2024.

6. "Interventor federal no DF se reúne com a ministra Rosa Weber no STF", *Correio do Povo*, 17 jan. 2023. Disponível em: <https://www.correiodopovo.com.br/not%C3%ADcias/pol%C3%ADtica/interventor-federal-no-df-se-re%C3%BAne-com-a-ministra-rosa-weber-no-stf-1.973854>. Acesso em: nov. 2024.

7. "Uma semana após ataques, brasão da República e crucifixo voltam reconstituídos ao STF", reportagem de Basília Rodrigues, CNN Brasil, 15 jan. 2023. Disponível em: <https://www.cnnbrasil.com.br/politica/uma-semana-apos-ataques-brasao-da-republica-e-crucifixo-voltam-reconstituidos-ao-stf-veja-imagens/>. Acesso em: nov. 2024.

8. "Senado aprova decreto de intervenção federal na segurança pública do Distrito Federal", Senado Federal, 11 jan. 2023. Disponível em: <https://www12.senado.leg.br/institucional/presidencia/noticia/rodrigo-pacheco/senado-aprova-decreto-de-intervencao-federal-na-seguranca-publica-do-distrito-federal>. Acesso em: nov. 2024.

9. "Moraes recebe balanço sobre intervenção na segurança do DF", reportagem de André Richter, Agência Brasil, 23 jan. 2023. Disponível em: <https://agenciabrasil.ebc.com.br/justica/noticia/2023-01/moraes-recebe-balanco-sobre-intervencao-na-seguranca-do-df>. Acesso em: nov. 2024.

10. "Atos terroristas: vídeos inéditos mostram recuo de policiais militares que facilitou acesso de invasores ao STF", reportagem de Márcio Falcão e Luiz Felipe Barbiéri, G1, 25 jan. 2023. Disponível em: <https://g1.globo.com/politica/noticia/2023/01/25/atos-terroristas-videos-ineditos-mostram-recuo-de-policiais-militares-que-facilitou-acesso-de-invasores-ao-stf.ghtml>. Acesso em: ago. 2024.

CAPÍTULO XVI: ISENÇÃO, O TÊNUE FIO QUE SEPARA O JUSTO DO INJUSTO

1. "8/1: saiba quem são os dois PMs do DF soltos por Alexandre de Moraes", reportagem de Samara Schwingel, *Metrópoles*, 29 mai. 2024. Disponível em: <https://www.metropoles.com/distrito-federal/8-1-saiba-quem-sao-os-dois-pms-do-df-soltos-por-alexandre-de-moraes>. Acesso em: nov. 2024.

2. "Mais 319 policiais militares vão reforçar a segurança do DF", reportagem de Catarina Lima, Agência Brasília, 26 jan. 2023. Disponível em: <https://agenciabrasilia.df.gov.br/2023/01/26/mais-319-policiais-militares-vao-reforcar-a-seguranca-do-df/>. Acesso em: set. 2024.

3. "Bevilacqua era uma figura controversa na caserna. Oficial legalista, continuou chefe do Emfa após o golpe [de 1964] simplesmente porque os golpistas não sabiam o que fazer com ele. Em 1965 foi nomeado ministro do Superior Tribunal Militar (STM), mas logo se desentendeu com a turma da linha-dura. Em 1968 foi cassado com base no Ato Institucional nº 5, o AI-5, por ter denunciado a fraude em que se transformaram os Inquéritos Policiais Militares (IPMs) da ditadura, usados para perseguir, prender, torturar e matar adversários do regime. Proscrito da caserna, Bevilacqua filiou-se ao antigo MDB, única oposição permitida pelos generais, e foi um dos criadores do Comitê Nacional de Anistia." Trecho de "O último e tardio 'aviso' a Jango", *Carta Capital*, 21 set. 2012. Disponível em: <https://www.cartacapital.com.br/politica/o-ultimo-e-tardio-aviso-a-jango/>. Acesso em: nov. 2024.

4. "Interventor na Segurança do DF apresenta relatório sobre ataques de 8 de janeiro", Ministério da Justiça e Segurança Pública, 27 jan. 2023. Disponível em: <https://www.gov.br/mj/pt-br/assuntos/noticias/interventor-na-seguranca-do-df-apresenta-relatorio-sobre-ataques-de-8-de-janeiro>. Acesso em: set. 2024.

CAPÍTULO XVII: A MARCA DE UM DIA NA HISTÓRIA

1. "O relatório e a narrativa", coluna de Claudio Dantas, O Antagonista, 28 jan. 2023. Disponível em: <https://oantagonista.com.br/opiniao/o-relatorio-e-a-narrativa/>. Acesso em: set. 2024.

2. "Final da Supercopa do Brasil 2023 terá plano especial de segurança", Detran-DF, 27 jan. 2023. Disponível em: <https://www.detran.df.gov.br/final-da-supercopa-do-brasil-2023-tera-plano-especial-de-seguranca/>. Acesso em: nov. 2024.

3. "Na noite de 31 de março, o general Olímpio Mourão Filho, comandante da 4ª Divisão de Infantaria, sediada em Juiz de Fora (MG), manda sua tropa marchar em direção ao Rio, precipitando o golpe que vinha sendo articulado por generais, empresários e governadores de oposição ao governo Jango. No dia seguinte, as tropas que partiram do Rio para garantir a ordem confraternizaram-se com os rebeldes", trecho de "Golpe militar depõe governo constitucional", Memorial da Democracia. Disponível em: <https://memorialdademocracia.com.br/card/golpe-militar-depoe-governo-constitucional>. Acesso em: nov. 2024.

EPÍLOGO

1. Leonard Mlodinow, *O andar do bêbado: Como o acaso determina nossas vidas*, Rio de Janeiro: Zahar, 2018.

2. "Ministro do GSI pede demissão; número 2 de Flavio Dino assume interinamente", reportagem de Carla Araújo e Mariana Durães, UOL, 19 abr. 2023. Disponível em: <https://noticias.uol.com.br/politica/ultimas-noticias/2023/04/19/ricardo-capelli-ministro-interino-gsi.htm>. Acesso em: nov. 2024.

3. "Lula escolhe ex-interventor para comandar interinamente GSI", reportagem de Marianna Holanda e Renato Machado, *Folha de S.Paulo*, 19 abr. 2023. Disponível em: <https://www1.folha.uol.com.br/poder/2023/04/lula-escolhe-ex-interventor-para-comandar-interinamente-gsi.shtml>. Acesso em: nov. 2024.

NOTA DO EDITOR

4. As informações contidas neste e no próximo parágrafo constam do *Relatório do gabinete do ministro Alexandre de Moraes – 8 de janeiro – 2 anos de atuação*, Supremo Tribunal Federal, Brasília: DF. Disponível em: <https://portal.stf.jus.br/hotsites/8dejaneiro/assets/img/responsabilizacao/relatorio_8_de_janeiro.pdf>. Acesso em: 8 abr. 2025.

1ª edição	JULHO DE 2025
impressão	GEOGRÁFICA
papel de miolo	IVORY BULK 65 G/M²
papel de capa	CARTÃO SUPREMO ALTA ALVURA 250 G/M²
tipografia	DANTE MT STD